I0355245

बहुफलकों के लिए जाल - प्रोजेक्ट बुक

निर्देशों के साथ बहुफलक के जाल का उपयोग करते हुए त्रि-आयामी ज्यामिति का व्यावहारिक परिचय।

डेविड ई. मैकएडम्स द्वारा
http://www.demcadams.com

कॉपीराइट © 2024 लाइफ इज़ ए स्टोरी प्रॉब्लम एलएलसी, कोलोराडो स्प्रिंग्स, कोलोराडो। सभी अधिकार सुरक्षित। इस प्रकाशन का कोई भी भाग कॉपीराइट धारक की लिखित सहमति के बिना किसी भी रूप में या किसी भी माध्यम से पुनरुत्पादित, संग्रहीत या प्रेषित नहीं किया जा सकता है, सिवाय आलोचनात्मक लेखों या समीक्षाओं में निहित संक्षिप्त उद्धरणों के।

शैक्षिक उपयोग के लिए कॉपी करने की सीमित अनुमति। इस पुस्तक के अलग-अलग पृष्ठों को केवल आकस्मिक, गैर-वाणिज्यिक शैक्षिक उपयोग के लिए कॉपी करने की अनुमति दी गई है, एक पुस्तक नियम के अनुसार: प्रत्येक शिक्षक के लिए एक पुस्तक खरीदी जानी चाहिए, जिसके छात्र इस सामग्री का उपयोग करेंगे। होम-स्कूलर्स के लिए, बच्चों के एक समूह को पढ़ाने वाले प्रत्येक माता-पिता के लिए एक पुस्तक खरीदी जानी चाहिए।

डेविड ई. मैकएडम्स की अन्य पुस्तकें

तोते के रंग - तोते के अद्भुत चित्रों का उपयोग करके रंगों की अवधारणा का परिचय। प्रीस्कूलर के लिए।

फूलों के रंग - फूलों के अद्भुत चित्रों का उपयोग करके रंगों की अवधारणा का परिचय। प्रीस्कूलर के लिए।

ब्रह्मांड के रंग - नासा से छवियों का उपयोग करके रंगों की अवधारणा का परिचय। प्रीस्कूलर के लिए।

आकृतियाँ - आकृतियों का परिचय। प्रीस्कूलर के लिए।

संख्याएँ - संख्याओं की अवधारणा का परिचय। कक्षा K-2 के लिए।

किसी चीज़ से भी बड़ा क्या है? (इन्फ़िनिटी) - इनफिनिटी की अवधारणा का परिचय। कक्षा 1-3 के लिए।

स्विंग सेट (सेट सिद्धांत) - सेट सिद्धांत का परिचय। ग्रेड 2-4 के लिए।

One Penny, Two (अंग्रेजी में) - अगर जैरी का पैसा हर दिन दोगुना हो जाता है, तो उसे एक गहरे हरे रंग की स्पोर्ट्स कार खरीदने में कितना समय लगेगा? ग्रेड 3-6 के लिए।

प्ले मनी एक्टिविटी किट के साथ सीखना - $1,000,000 से ज़्यादा के प्ले मनी के साथ बड़ी संख्याएँ और गिनती सिखाएँ।

मेरे पसंदीदा फ्रैक्टल्स (खंड 1 और 2) - बेहतरीन फ्रैक्टल्स की पिक्चर बुक हाई रेज़ोल्यूशन इमेज के रूप में प्रस्तुत की गई है। सभी उम्र के लिए।

Monster Creatures of the Deep Sea (अंग्रेजी में) - गहरे समुद्र में पर्यावरण का अन्वेषण करें, और 44 गहरे समुद्री जीवों के बारे में जानकारी प्राप्त करें।

All Math Words Dictionary (अंग्रेजी में) - प्री-एलजेब्रा, बीजगणित, ज्यामिति और प्री-कैलकुलस के छात्रों के लिए एक गणित शब्दकोश।

पाई के पहले दस लाख अंक (π) - पाई के पहले मिलियन डिजिट्स। सभी उम्र के लिए।

e के पहले दस लाख अंक - यूलर के स्थिरांक e के पहले दस लाख अंक। सभी उम्र के लिए।

2 के वर्गमूल के पहले दस लाख अंक - 2 के वर्गमूल के पहले दस लाख अंक। सभी उम्र के लिए।

प्रथम सौ हज़ार अभाज्य संख्याएँ - पहले सौ हज़ार अभाज्य संख्याएँ। सभी उम्र के लिए।

बहुफलकों के लिए जाल - प्रोजेक्ट बुक - 3 आयामी पॉलीहेड्रा में कॉपी करने, काटने और एक साथ टेप करने के लिए 80 ज्यामितीय जाल। 9 वर्ष और उससे अधिक उम्र के लिए।

Geometric Nets Mega Project Book (अंग्रेजी में) - 3 आयामी पॉलीहेड्रा में कॉपी करने, काटने और एक साथ टेप करने के लिए 253 ज्यामितीय जाल। 9 वर्ष और उससे अधिक आयु के लिए।

अद्यतित सूची के लिए, https://www.DEMcAdams.com देखें।

छवि श्रेय

सभी ज्यामितीय जाल डेविड ई. मैकएडम्स द्वारा बनाए गए हैं।

सभी चित्र डेविड ई. मैकएडम्स द्वारा बनाए गए हैं, जब तक कि यहाँ अन्यथा उल्लेख न किया गया हो।

- शंकु - लुकासवीबी। कलाकार द्वारा सार्वजनिक डोमेन में रखा गया।
- क्यूबोक्टाहेड्रॉन - स्वेडमोलेन। कलाकार द्वारा सार्वजनिक डोमेन में रखा गया।
- स्नब डोडेकाहेड्रॉन - टॉम रुएन। कलाकार द्वारा सार्वजनिक डोमेन में रखा गया।
- ट्रंकेटेड क्यूबोक्टाहेड्रॉन - स्वेडमोलेन। कलाकार द्वारा सार्वजनिक डोमेन में रखा गया।
- ट्रंकेटेड डोडेकाहेड्रॉन - हार्कोनिन2। कलाकार द्वारा सार्वजनिक डोमेन में रखा गया।
- ट्रंकेटेड इकोसाहेड्रॉन - स्वेडमोलेन। कलाकार द्वारा सार्वजनिक डोमेन में रखा गया।

विषयसूची

शुरुआत करना..1
दो बार लम्बी त्रिकोणीय प्रतिप्रिज्म..3
शंकु...5
घन..7
क्यूबोक्टाहेड्रोन...9
सिलेंडर..11
दशकोणीय एंटीप्रिज्म...13
दशकोणीय प्रिज्म..15
डेल्टोइडल इकोसिटेट्राहेड्रॉन...17
मरना..19
डिस्डाइकिस डोडेकाहेड्रॉन...21
नियमित डोडेकाहेड्रॉन..23
लम्बा पंचकोणीय कपोला..25
लम्बा पंचकोणीय द्विपिरामिड...27
दीर्घित पंचकोणीय पिरामिड...29
दीर्घित वर्गाकार द्विपिरामिड...31
लम्बा वर्गाकार पिरामिड...33
लम्बा त्रिकोणीय एंटीप्रिज्म...35
लम्बा त्रिकोणीय गुंबद..37
लम्बा त्रिभुजाकार द्विपिरामिड..39
लम्बा त्रिभुजाकार पिरामिड..41
एक दशकोणीय पिरामिड का छिन्नक..43
चतुर्भुज पिरामिड का छिन्नक...45
एक त्रिकोणीय पिरामिड का छिन्नक...47
महान डोडेकाहेड्रॉन..49
महान ताराकार डोडेकाहेड्रॉन..51
जाइरोएलॉन्गेटेड पेंटागोनल पिरामिड..55
जाइरोलांगेटेड स्कायर बिपिरामिड..57
जाइरोएलोंगेटेड स्कायर प्रिज्म..59
जाइरोएलोंगेटेड स्कायर पिरामिड..61
हेप्टागोनल पिरामिड...63
हेप्टाहेड्रोन 4,4,4,3,3,3,3..65
हेप्टाहेड्रोन 5,5,5,4,4,4,3..67
हेप्टाहेड्रोन 6,6,4,4,4,3,3..69
षटकोणीय प्रिज्म..71
षट्कोणीय पिरामिड..73
षट्फलक 4,4,4,4,3,3...75
षट्फलक 5,4,4,3,3,3...77
षट्फलक 5,5,4,4,3,3...79
नियमित इकोसाहेड्रोन..81
इकोसिडोडेकाहेड्रॉन...83
तिर्यक वर्ग पिरामिड...85
अष्टकोणीय एंटीप्रिज्म..87
नियमित अष्टफलक..89

पेंटागोनल एंटीप्रिज्म	91
पंचकोणीय गुंबद	93
पंचकोणीय द्विपिरामिड	95
पंचकोणीय प्रिज्म	97
पंचकोणीय पिरामिड	99
पंचकोणीय रोटंडा	101
पेंटाग्रामिक प्रिज्म	103
आयताकार पिरामिड	105
रम्बिक प्रिज्म	107
रोम्बिकुबोक्टाहेड्रोन	109
लघु रंबिडोडेकाहेड्रॉन	111
लघु ताराकार द्वादशफ़लक	115
स्नब क्यूब	119
स्नब डोडेकाहेड्रॉन	123
स्कायर एंटीप्रिज्म	127
चौकोर गुंबद	129
वर्गाकार पिरामिड	131
स्कायर ट्रेपेज़ोहेड्रॉन	133
ताराकार अष्टफलक	135
नियमित चतुष्फलक	137
टेट्राकिस हेक्साहेड्रोन	139
त्रिआकीस अष्टफलक	141
ट्राइआकीस टेट्राहेड्रोन	143
त्रिकोणीय गुंबद	145
त्रिकोणीय द्विपिरामिड	147
त्रिकोणीय पंचफलक	149
त्रिकोणीय प्रिज्म	151
तिर्यक त्रिकोणीय पिरामिड	153
छोटा किया गया घन	155
ट्रंकेटेड क्यूबोक्टाहेड्रोन	157
काटे गए डोडेकाहेड्रॉन	159
काटे गए इकोसाहेड्रोन	163
ट्रंकेटेड इकोसिडोडेकाहेड्रॉन	169
कटा हुआ अष्टफलक	175
काटे गए चतुष्फलक	177
दायाँ पंचकोणीय तारा पिरामिड	179
काटे गए वर्गाकार समलम्बाकार	181

शुरुआत करना

पॉलीहेड्रॉन का जाल क्या है?

पॉलीहेड्रॉन का जाल एक सपाट रेखाचित्र है जिसे मोड़कर तीन आयामी आकृति बनाई जा सकती है। उदाहरण के लिए, छह समान वर्गों को मिलाकर एक घन बनाया जा सकता है। ऐसा इसलिए है क्योंकि एक घन में छह भुजाएँ होती हैं, जो सभी समान वर्ग हैं। इस पुस्तक में प्रत्येक चित्र को मोड़कर एक तीन आयामी ज्यामितीय वस्तु बनाई जा सकती है।

जबकि पॉलीहेड्रा के जाल सपाट भुजाओं वाले ठोस में बदल जाते हैं, कुछ अपवाद हैं। एक आयत और दो वृत्तों से एक बेलनाकार आकृति बनाई जा सकती है। एक शंकु एक वृत्त और एक घुमावदार तल वाले त्रिभुज से बनाया जा सकता है।

बहुफलक के जाल से ठोस वस्तु बनाना कितना कठिन है?

पॉलीहेड्रा के कुछ जाल आसान होते हैं, और कुछ कठिन। मूल रूप से, किसी ठोस वस्तु में जितनी अधिक भुजाएँ होती हैं, उसे बनाना उतना ही कठिन होता है। आसान जाल से शुरू करें और कठिन जाल तक पहुँचें।

मैं बहुफलक के जाल से ठोस का मॉडल कैसे बनाऊं?

उस पृष्ठ की प्रतिलिपि बनाकर शुरू करें जिस पर पॉलीहेड्रॉन का जाल खींचा गया है। यदि आप अपने जाल को उस पर चित्र बनाकर या रंगकर सजाना चाहते हैं, तो इसे काटने से पहले ऐसा करें। फिर कैंची का उपयोग करके जाल को ठोस रेखाओं के साथ सावधानीपूर्वक काटें। कभी-कभी दो आसन्न चेहरे ड्राइंग में एक रेखा साझा करते हैं जिसे काटा जाना चाहिए। यह रेखा एक ठोस रेखा होगी। एक बार आकृति कट जाने के बाद, बिंदीदार रेखाओं के साथ मोड़ना शुरू करें। किनारों को एक साथ जोड़ने के लिए स्पष्ट टेप के छोटे टुकड़ों का उपयोग करें। जब सभी किनारों को एक साथ टेप किया जाता है, तो आपका आकार समाप्त हो जाता है।

दो बार लम्बी त्रिकोणीय प्रतिप्रिज्म

1. ठोस रेखाओं के साथ काटें।
2. बिंदीदार रेखाओं पर मोड़ें।
3. धराशायी रेखाओं पर पीछे की ओर मोड़ें
4. बांधने के लिए स्पष्ट टेप का उपयोग करें।

यदि आप नेट पर चित्र बनाना चाहते हैं, तो इसे टेप से जोड़ने से पहले ऐसा करें। यदि आप इसे सजावट के लिए चिपकाकर सजाना चाहते हैं, तो पहले इसे टेप से बांध दें।

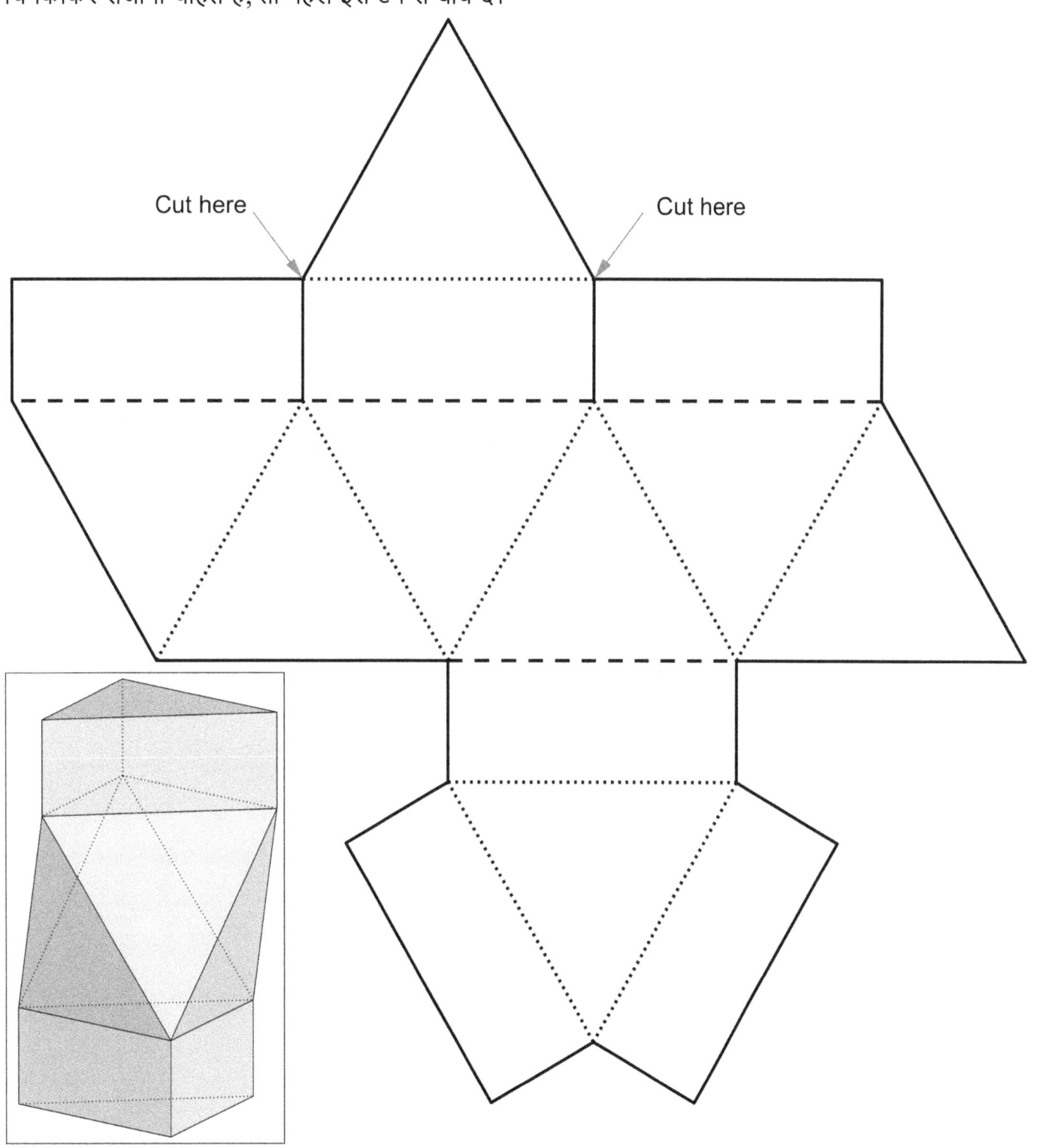

बहुफलकों के लिए जाल - प्रोजेक्ट बुक डेविड ई. मैकएडम्स द्वारा 3

शंकु

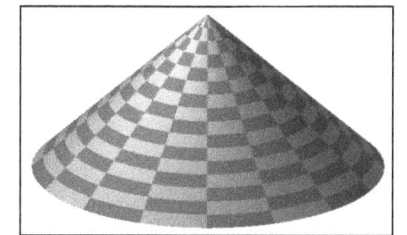

1. ठोस रेखाओं के साथ काटें। कोशिश करें कि दोनों टुकड़े कटकर अलग न हों।
2. बांधने के लिए स्पष्ट टेप का उपयोग करें।

यदि आप नेट पर चित्र बनाना चाहते हैं, तो इसे टेप से जोड़ने से पहले ऐसा करें। यदि आप इसे सजावट के लिए चिपकाकर सजाना चाहते हैं, तो पहले इसे टेप से बांध दें।

घन

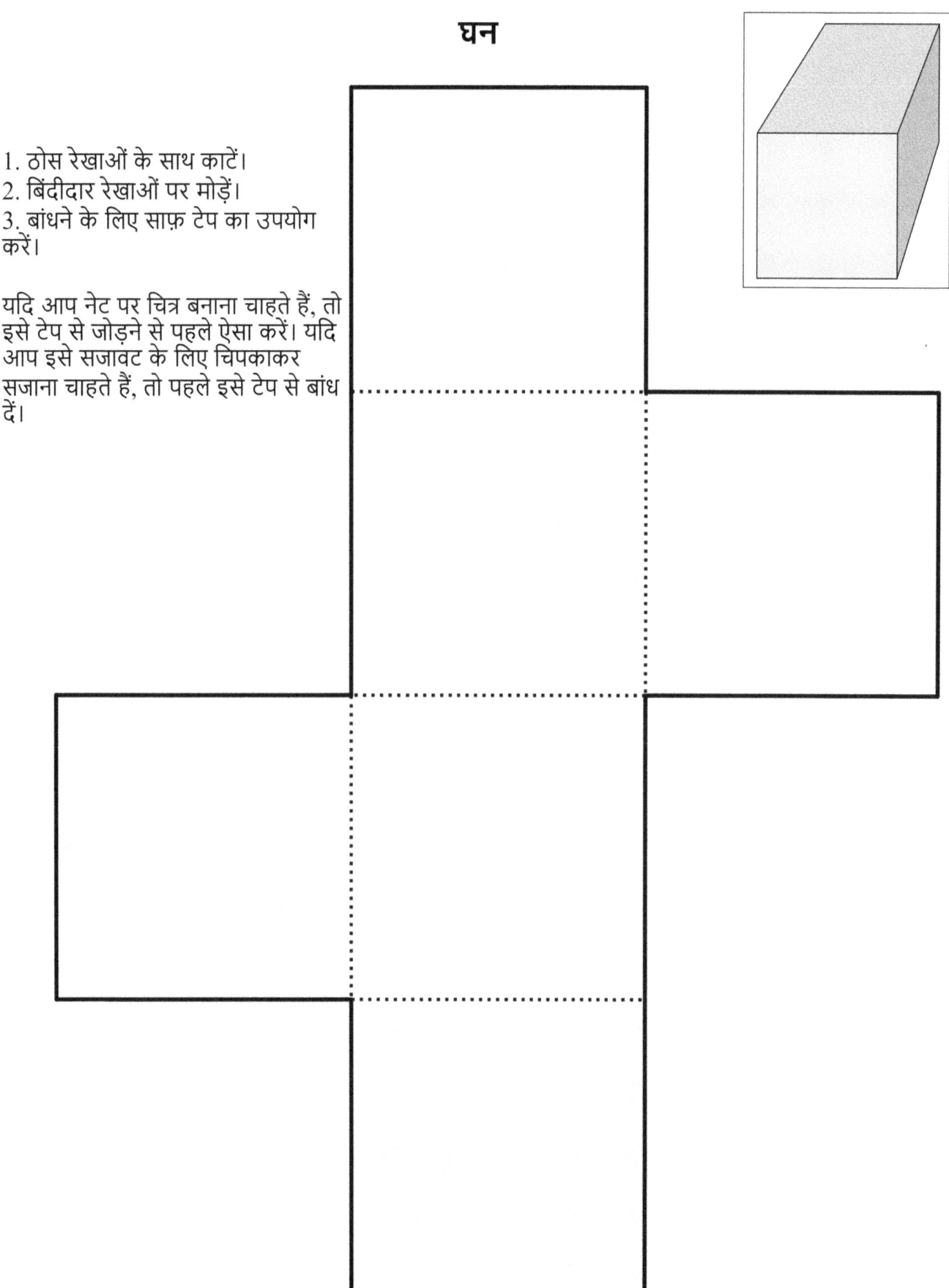

1. ठोस रेखाओं के साथ काटें।
2. बिंदीदार रेखाओं पर मोड़ें।
3. बांधने के लिए साफ़ टेप का उपयोग करें।

यदि आप नेट पर चित्र बनाना चाहते हैं, तो इसे टेप से जोड़ने से पहले ऐसा करें। यदि आप इसे सजावट के लिए चिपकाकर सजाना चाहते हैं, तो पहले इसे टेप से बांध दें।

बहुफलकों के लिए जाल - प्रोजेक्ट बुक डेविड ई. मैकएडम्स द्वारा 7

कॉपीराइट 2024. केवल आकस्मिक, गैर-वाणिज्यिक शैक्षिक उपयोग के लिए कॉपी किया जा सकता है। अधिक जानकारी के लिए कॉपीराइट नोटिस देखें।

क्यूबोक्टाहेड्रोन

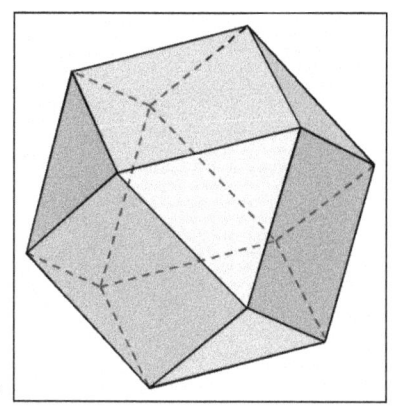

1. ठोस रेखाओं के साथ काटें।
2. बिंदीदार रेखाओं पर मोड़ें।
3. बांधने के लिए साफ़ टेप का उपयोग करें।

यदि आप नेट पर चित्र बनाना चाहते हैं, तो इसे टेप से जोड़ने से पहले ऐसा करें। यदि आप इसे सजावट के लिए चिपकाकर सजाना चाहते हैं, तो पहले इसे टेप से बांध दें।

सिलेंडर

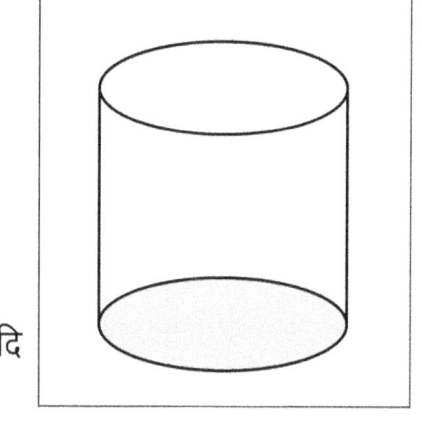

1. ठोस रेखाओं के साथ काटें। आयत से वृत्तों को न काटने का प्रयास करें।
2. आयत को बेलनाकार आकार में रोल करें।
3. बेलनाकार आकार में वृत्तों को मोड़ें।
4. बांधने के लिए स्पष्ट टेप का उपयोग करें।

यदि आप नेट पर चित्र बनाना चाहते हैं, तो इसे टेप से जोड़ने से पहले ऐसा करें। यदि आप इसे सजावट के लिए चिपकाकर सजाना चाहते हैं, तो पहले इसे टेप से बांध दें।

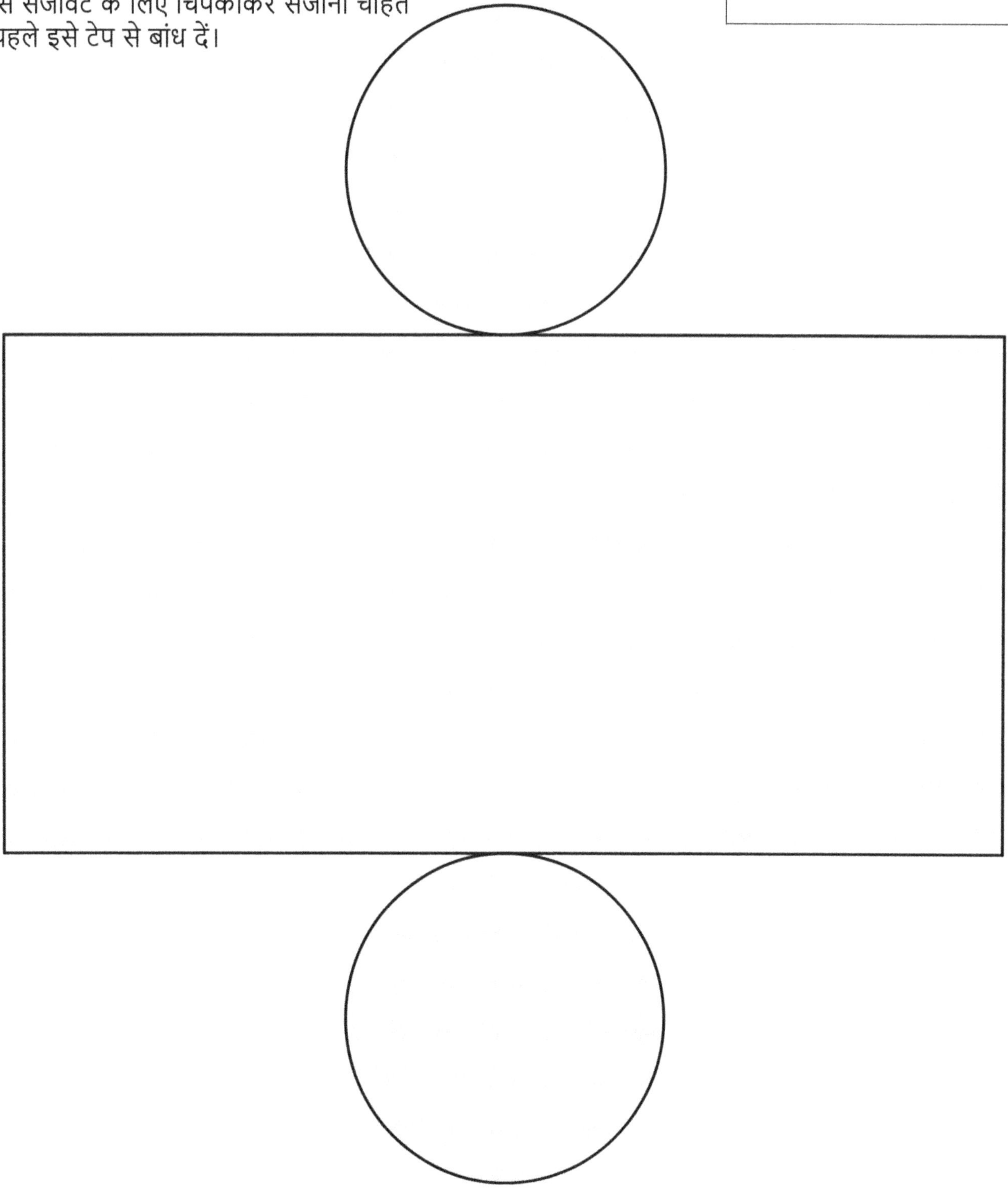

बहुफलकों के लिए जाल - प्रोजेक्ट बुक डेविड ई. मैकएडम्स द्वारा

दशकोणीय एंटीप्रिज्म

1. ठोस रेखाओं के साथ काटें।
2. बिंदीदार रेखाओं पर मोड़ें।
3. बांधने के लिए साफ़ टेप का उपयोग करें।

यदि आप नेट पर चित्र बनाना चाहते हैं, तो इसे टेप से जोड़ने से पहले ऐसा करें। यदि आप इसे सजावट के लिए चिपकाकर सजाना चाहते हैं, तो पहले इसे टेप से बांध दें।

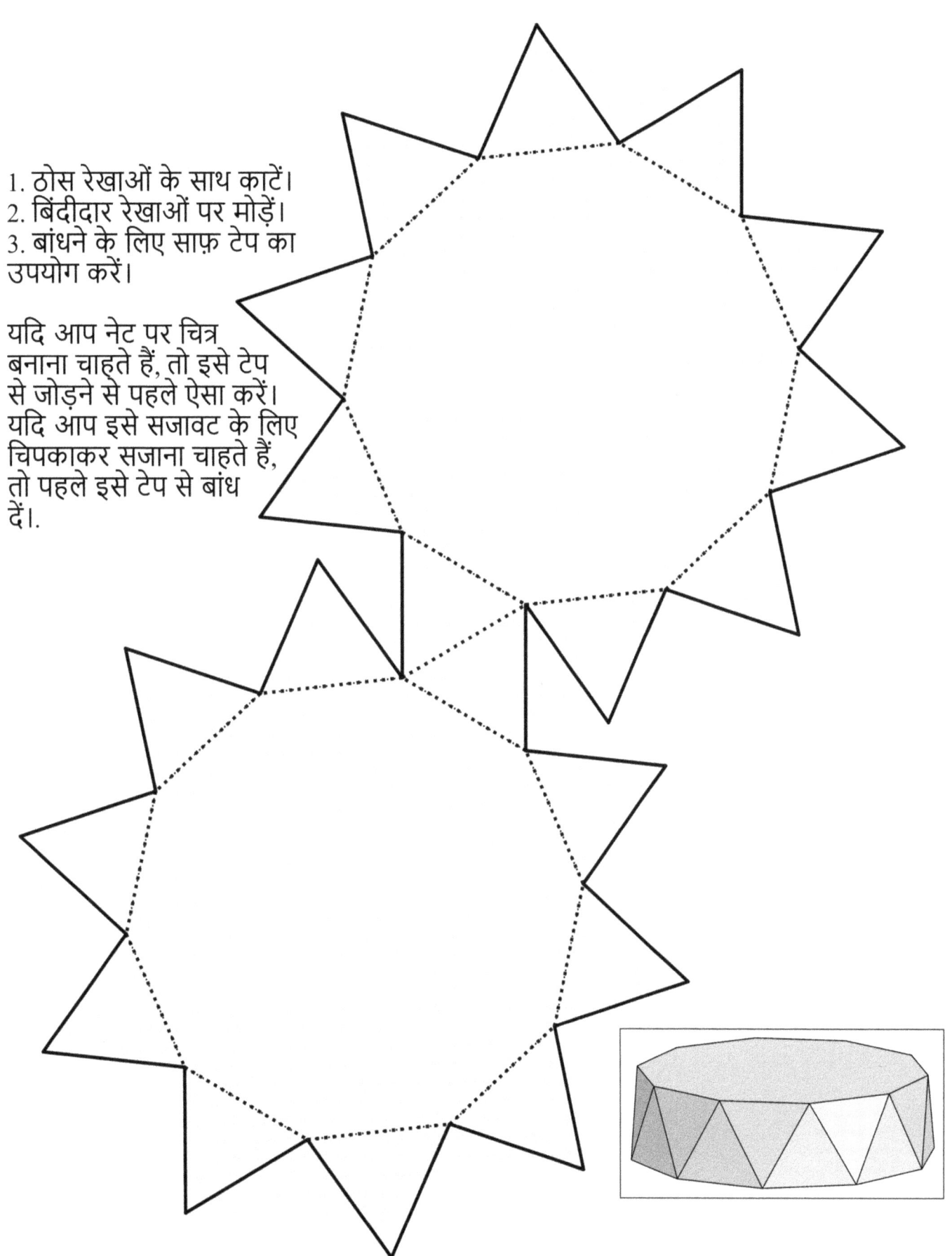

बहुफलकों के लिए जाल - प्रोजेक्ट बुक डेविड ई. मैकएडम्स द्वारा

दशकोणीय प्रिज्म

1. ठोस रेखाओं के साथ काटें।
2. बिंदीदार रेखाओं पर मोड़ें।
3. बांधने के लिए साफ़ टेप का उपयोग करें।

यदि आप नेट पर चित्र बनाना चाहते हैं, तो इसे टेप से जोड़ने से पहले ऐसा करें। यदि आप इसे सजावट के लिए चिपकाकर सजाना चाहते हैं, तो पहले इसे टेप से बांध दें।

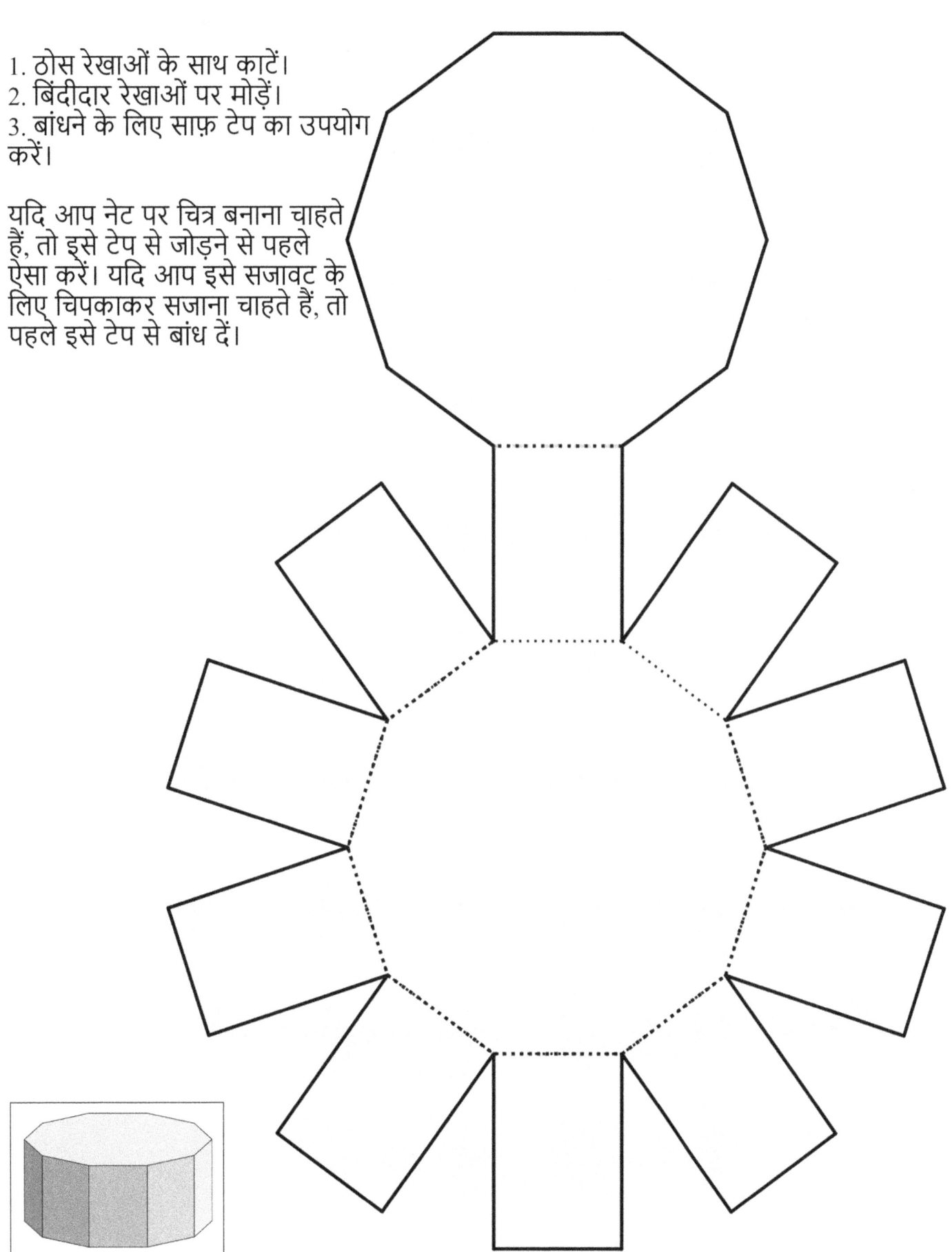

बहुफलकों के लिए जाल - प्रोजेक्ट बुक डेविड ई. मैकएडम्स द्वारा

डेल्टोइडल इकोसिटेट्राहेड्रॉन

1. ठोस रेखाओं के साथ काटें।
2. बिंदीदार रेखाओं पर मोड़ें।
3. बांधने के लिए साफ़ टेप का उपयोग करें।

यदि आप नेट पर चित्र बनाना चाहते हैं, तो इसे टेप से जोड़ने से पहले ऐसा करें। यदि आप इसे

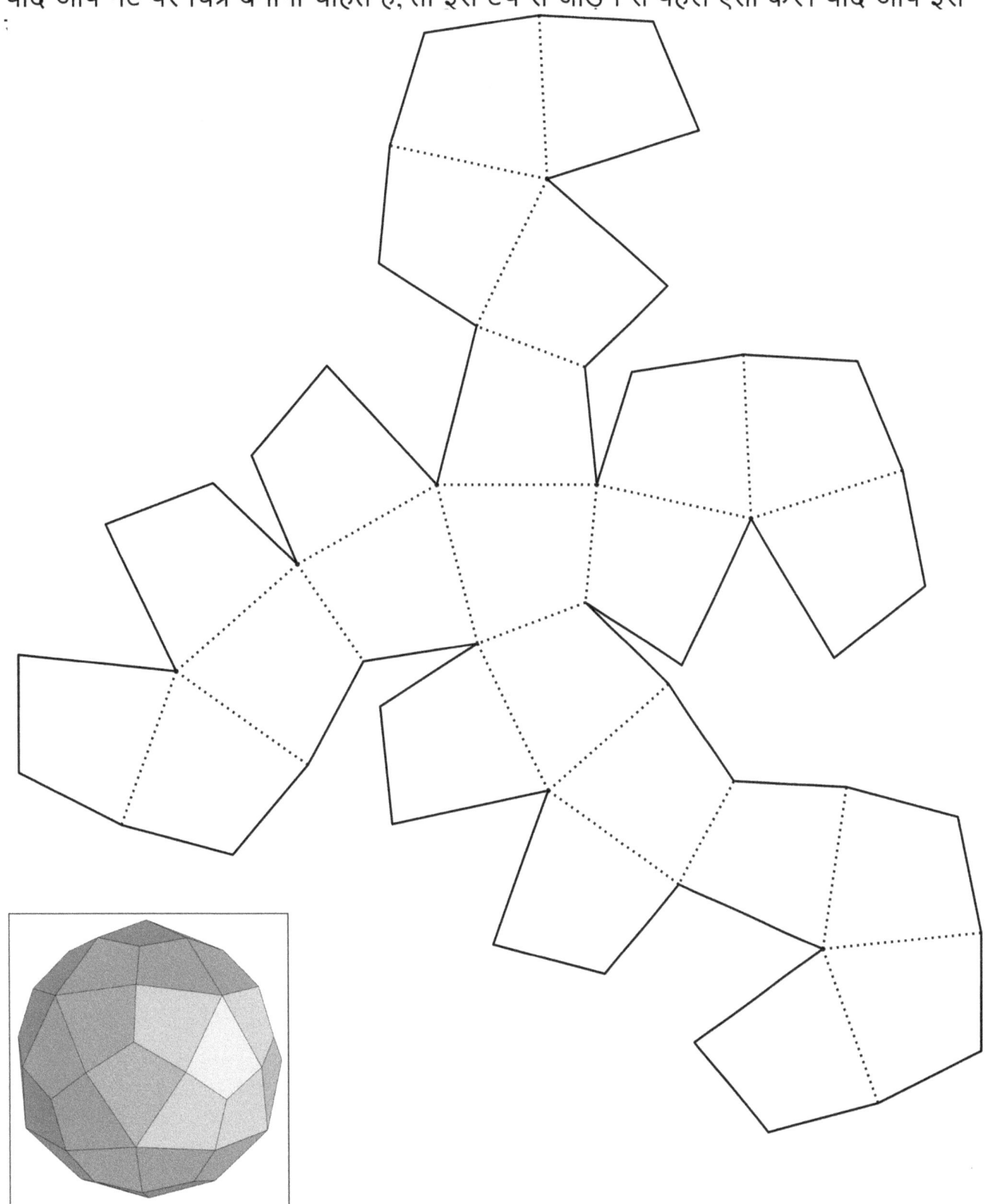

बहुफलकों के लिए जाल - प्रोजेक्ट बुक डेविड ई. मैकएडम्स द्वारा

मरना

1. ठोस रेखाओं के साथ काटें।
2. बिंदीदार रेखाओं पर मोड़ें।
3. बांधने के लिए साफ़ टेप का उपयोग करें।

यदि आप नेट पर चित्र बनाना चाहते हैं, तो इसे टेप से जोड़ने से पहले ऐसा करें। यदि आप इसे सजावट के लिए चिपकाकर सजाना चाहते हैं, तो पहले इसे टेप से बांध दें।

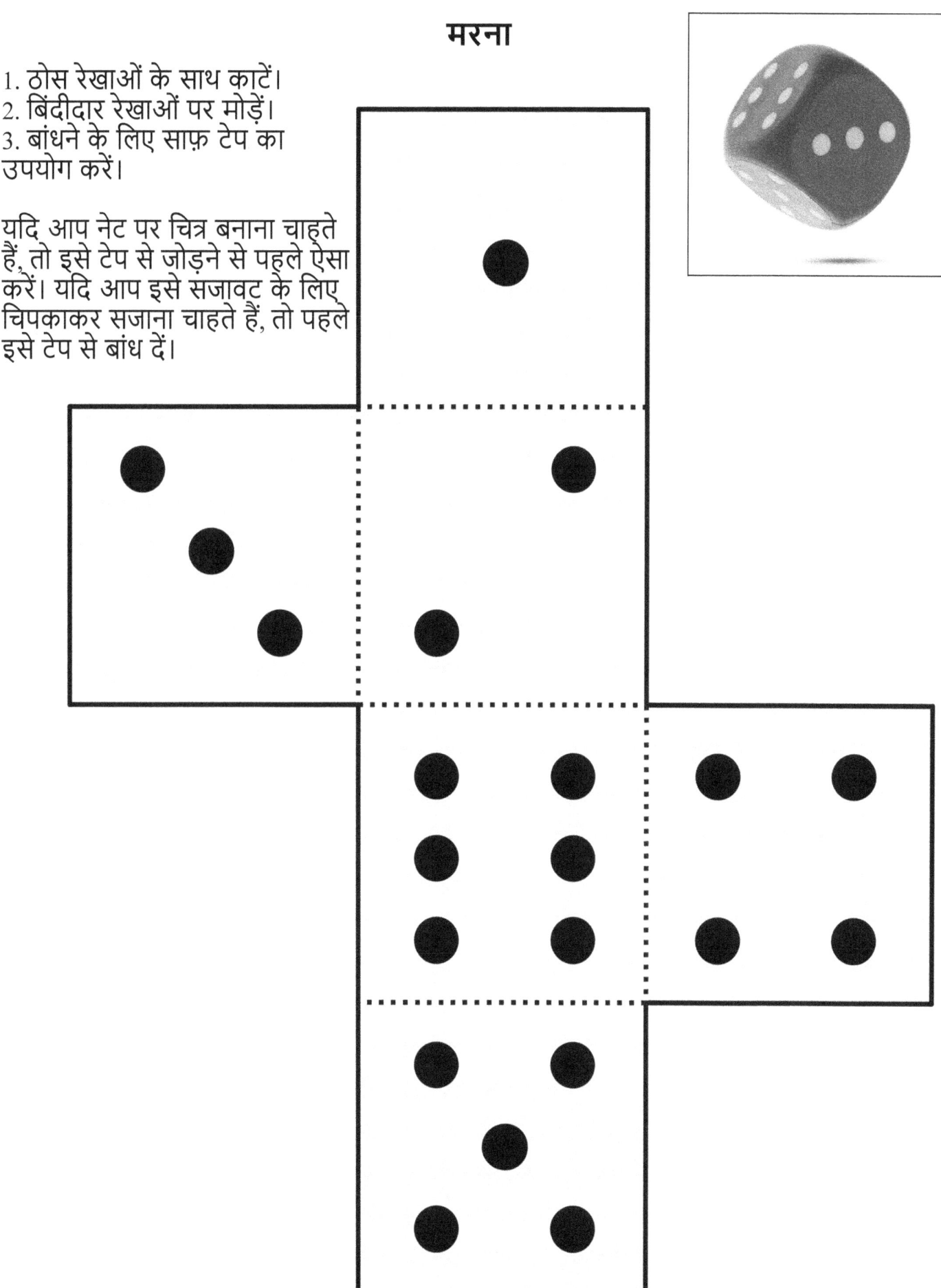

बहुफलकों के लिए जाल - प्रोजेक्ट बुक डेविड ई. मैकएडम्स द्वारा

कॉपीराइट 2024. केवल आकस्मिक, गैर-वाणिज्यिक शैक्षिक उपयोग के लिए कॉपी किया जा सकता है। अधिक जानकारी के लिए कॉपीराइट नोटिस देखें।

डिस्डाइकिस डोडेकाहेड्रॉन

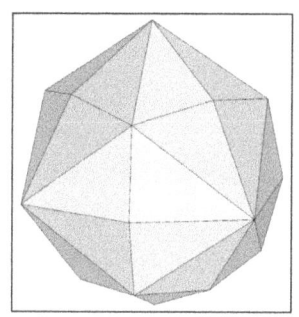

1. ठोस रेखाओं के साथ काटें।
2. बिंदीदार रेखाओं पर मोड़ें।
3. बांधने के लिए साफ़ टेप का उपयोग करें।

यदि आप नेट पर चित्र बनाना चाहते हैं, तो इसे टेप से जोड़ने से पहले ऐसा करें। यदि आप इसे सजावट के लिए चिपकाकर सजाना चाहते हैं, तो पहले इसे टेप से बांध दें।

बहुफलकों के लिए जाल - प्रोजेक्ट बुक डेविड ई. मैकएडम्स द्वारा

कॉपीराइट 2024. केवल आकस्मिक, गैर-वाणिज्यिक शैक्षिक उपयोग के लिए कॉपी किया जा सकता है। अधिक जानकारी के लिए कॉपीराइट नोटिस देखें।

नियमित डोडेकाहेड्रॉन

1. ठोस रेखाओं के साथ काटें।
2. बिंदीदार रेखाओं पर मोड़ें।
3. बांधने के लिए साफ़ टेप का उपयोग करें।

यदि आप नेट पर चित्र बनाना चाहते हैं, तो इसे टेप से जोड़ने से पहले ऐसा करें। यदि आप इसे सजावट के लिए चिपकाकर सजाना चाहते हैं, तो पहले इसे टेप से बांध दें।

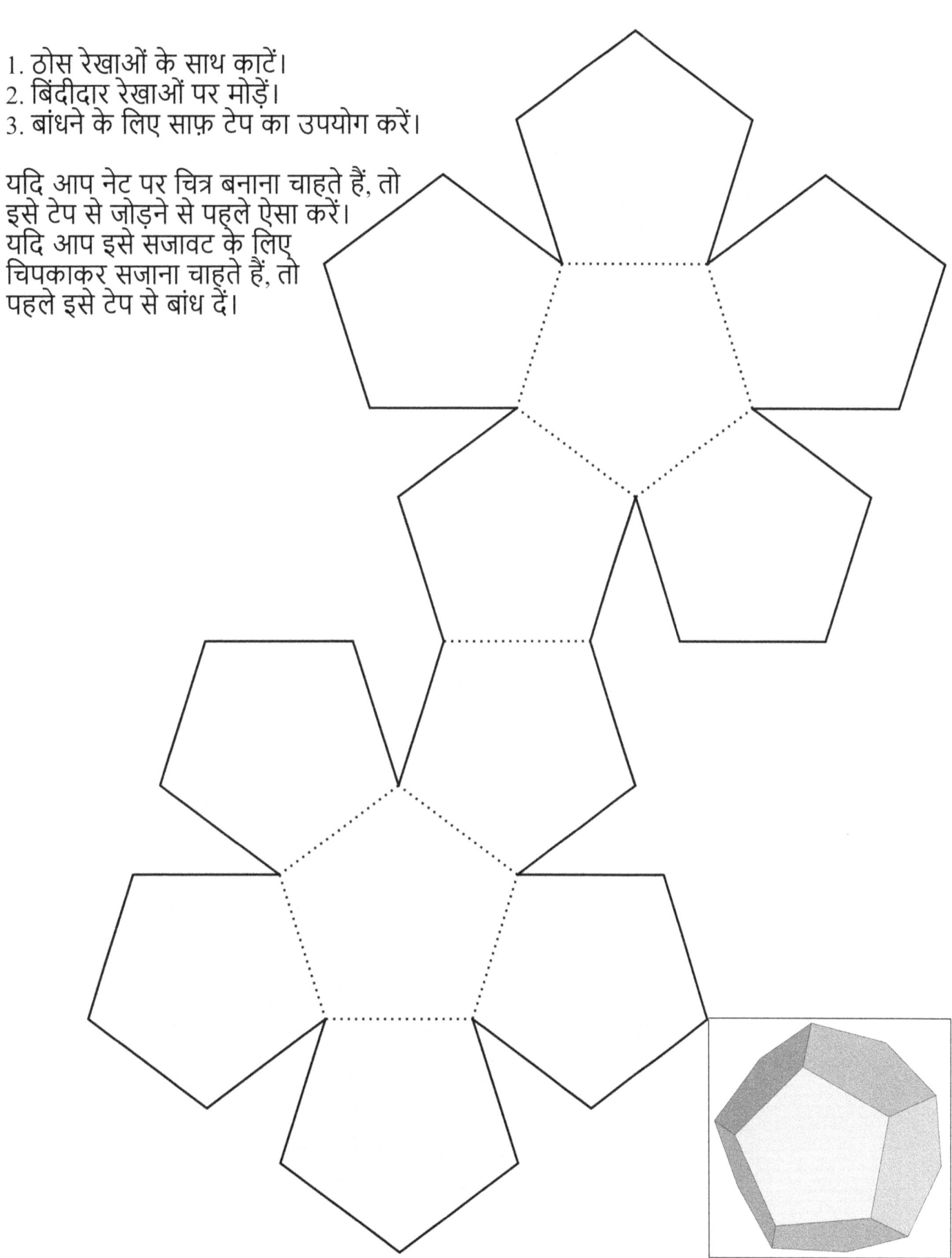

बहुफलकों के लिए जाल - प्रोजेक्ट बुक डेविड ई. मैकएडम्स द्वारा

लम्बा पंचकोणीय कपोला

1. ठोस रेखाओं के साथ काटें।
2. बिंदीदार रेखाओं पर मोड़ें।
3. बांधने के लिए साफ़ टेप का उपयोग करें।

यदि आप नेट पर चित्र बनाना चाहते हैं, तो इसे टेप से जोड़ने से पहले ऐसा करें। यदि आप इसे सजावट के लिए चिपकाकर सजाना चाहते हैं, तो पहले इसे टेप से बांध दें।

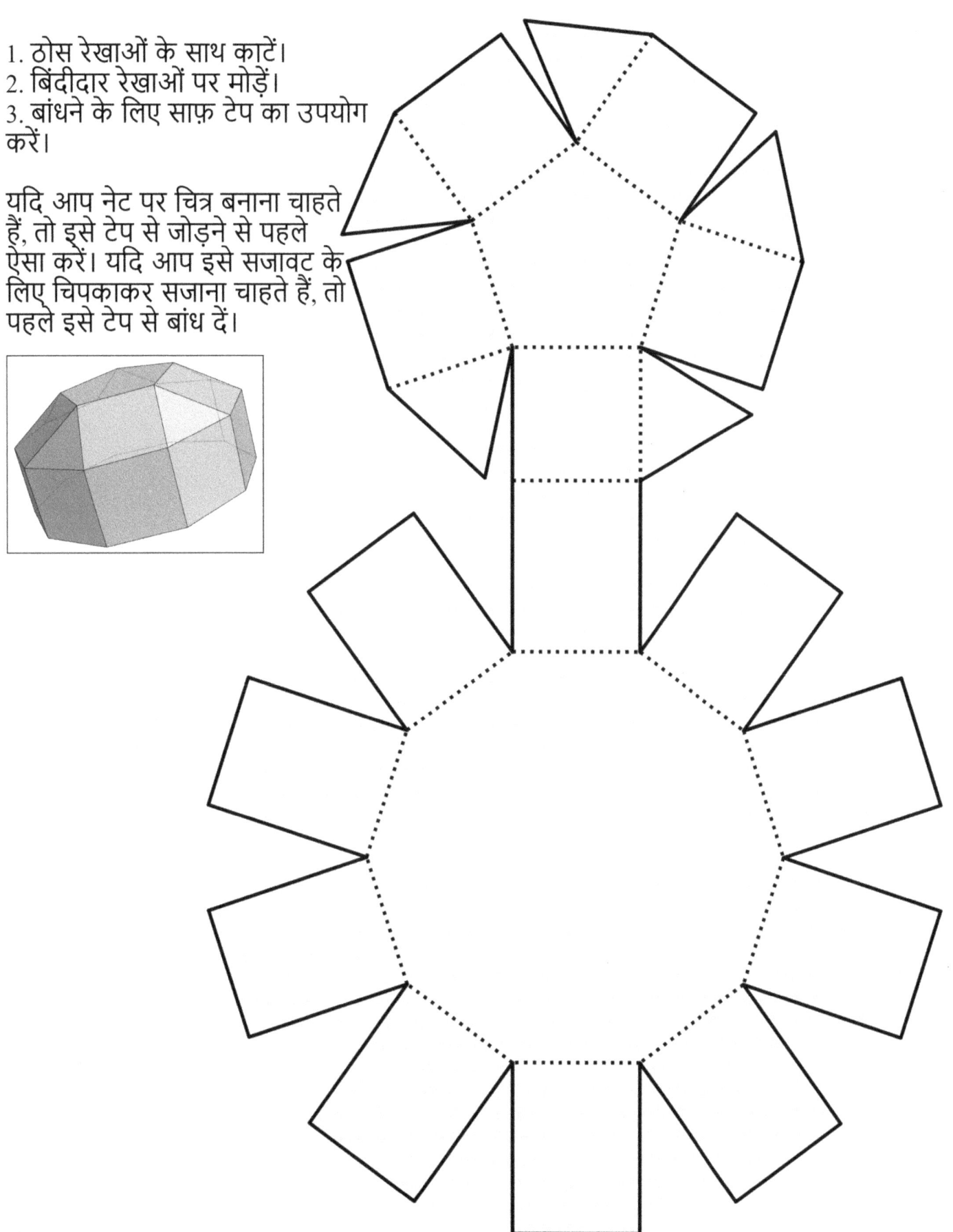

बहुफलकों के लिए जाल - प्रोजेक्ट बुक डेविड ई. मैकएडम्स द्वारा

लम्बा पंचकोणीय द्विपिरामिड

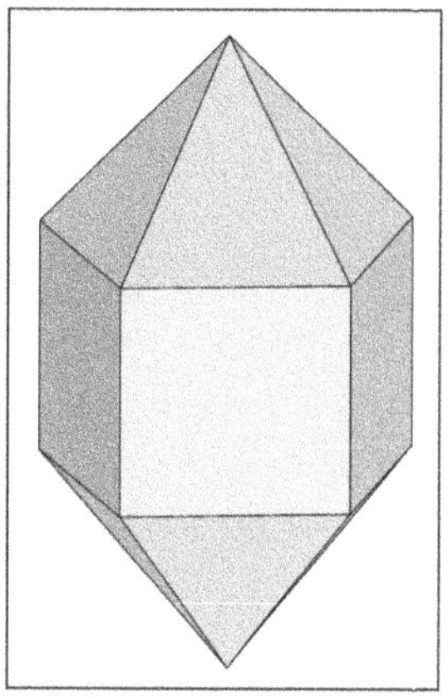

1. ठोस रेखाओं के साथ काटें।
2. बिंदीदार रेखाओं पर मोड़ें।
3. बांधने के लिए साफ़ टेप का उपयोग करें।

यदि आप नेट पर चित्र बनाना चाहते हैं, तो इसे टेप से जोड़ने से पहले ऐसा करें। यदि आप इसे सजावट के लिए चिपकाकर सजाना चाहते हैं, तो पहले इसे टेप से बांध दें।

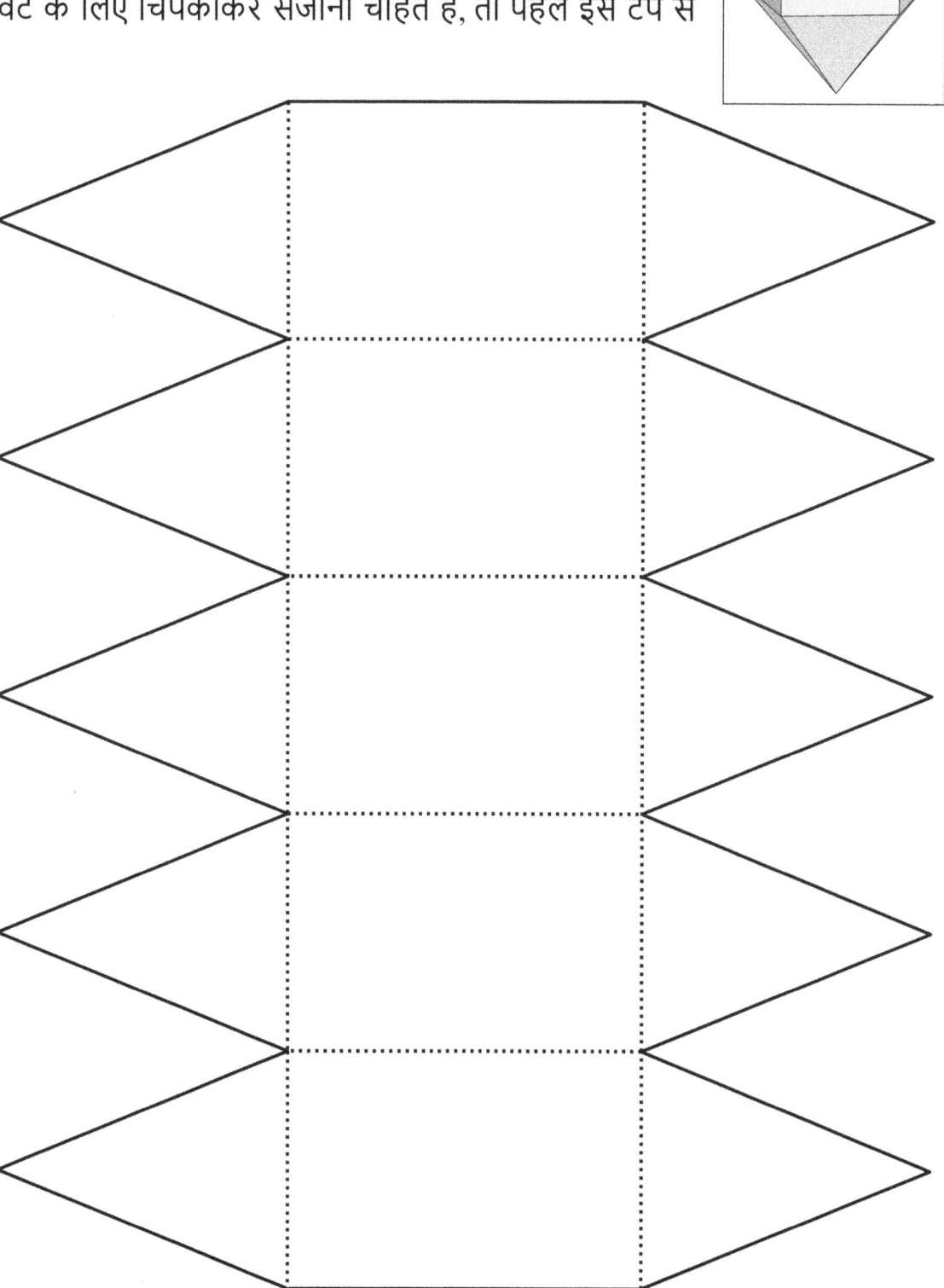

बहुफलकों के लिए जाल - प्रोजेक्ट बुक डेविड ई. मैकएडम्स द्वारा

दीर्घित पंचकोणीय पिरामिड

1. ठोस रेखाओं के साथ काटें।
2. बिंदीदार रेखाओं पर मोड़ें।
3. बांधने के लिए साफ़ टेप का उपयोग करें।

यदि आप नेट पर चित्र बनाना चाहते हैं, तो इसे टेप से जोड़ने से पहले ऐसा करें। यदि आप इसे सजावट के लिए चिपकाकर सजाना चाहते हैं, तो पहले इसे टेप से बांध दें।

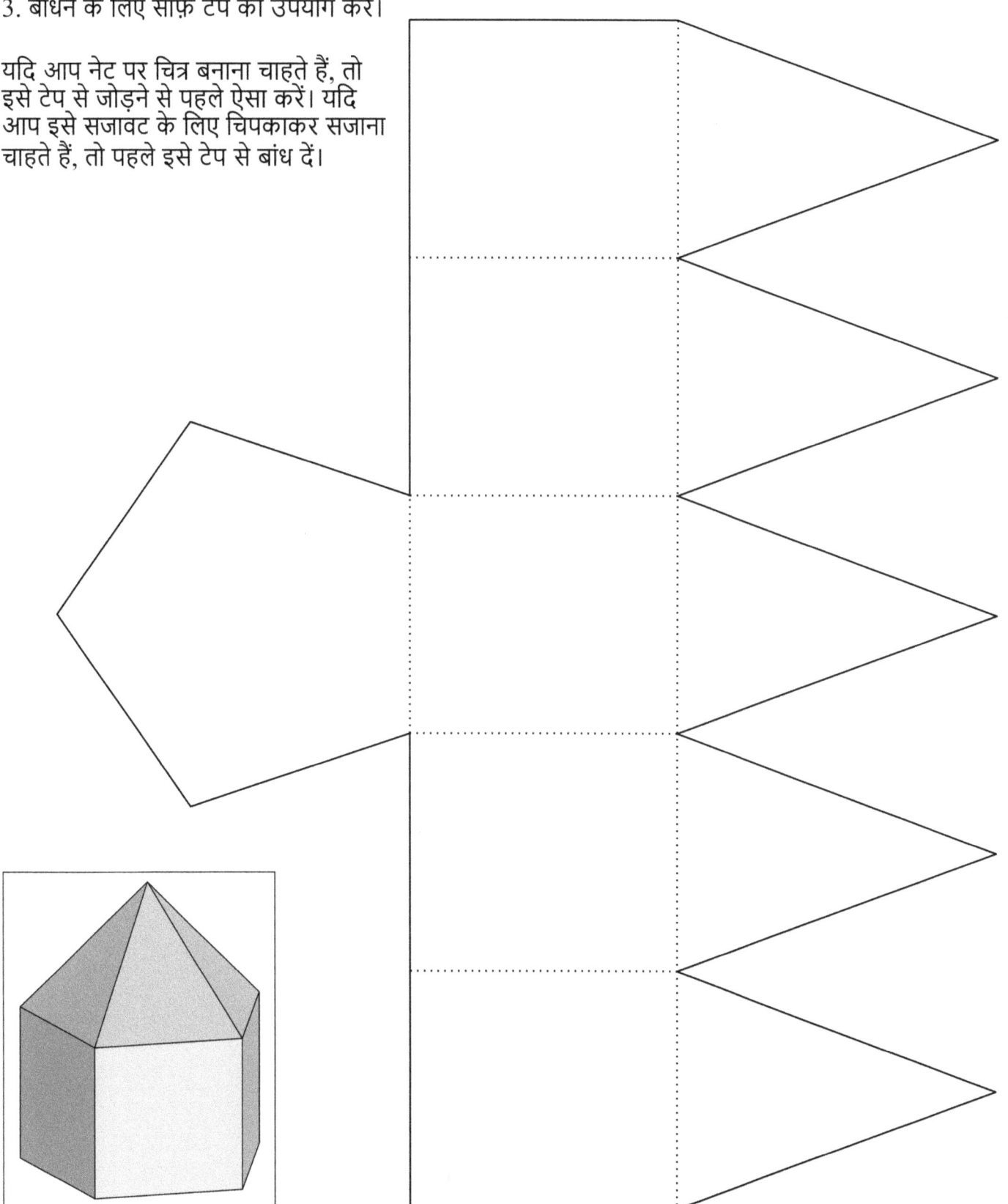

बहुफलकों के लिए जाल - प्रोजेक्ट बुक डेविड ई. मैकएडम्स द्वारा

कॉपीराइट 2024. केवल आकस्मिक, गैर-वाणिज्यिक शैक्षिक उपयोग के लिए कॉपी किया जा सकता है। अधिक जानकारी के लिए कॉपीराइट नोटिस देखें।

दीर्घित वर्गाकार द्विपिरामिड

1. ठोस रेखाओं के साथ काटें।
2. बिंदीदार रेखाओं पर मोड़ें।
3. बांधने के लिए साफ़ टेप का उपयोग करें।

यदि आप नेट पर चित्र बनाना चाहते हैं, तो इसे टेप से जोड़ने से पहले ऐसा करें। यदि आप इसे सजावट के लिए चिपकाकर सजाना चाहते हैं, तो पहले इसे टेप से बांध दें।

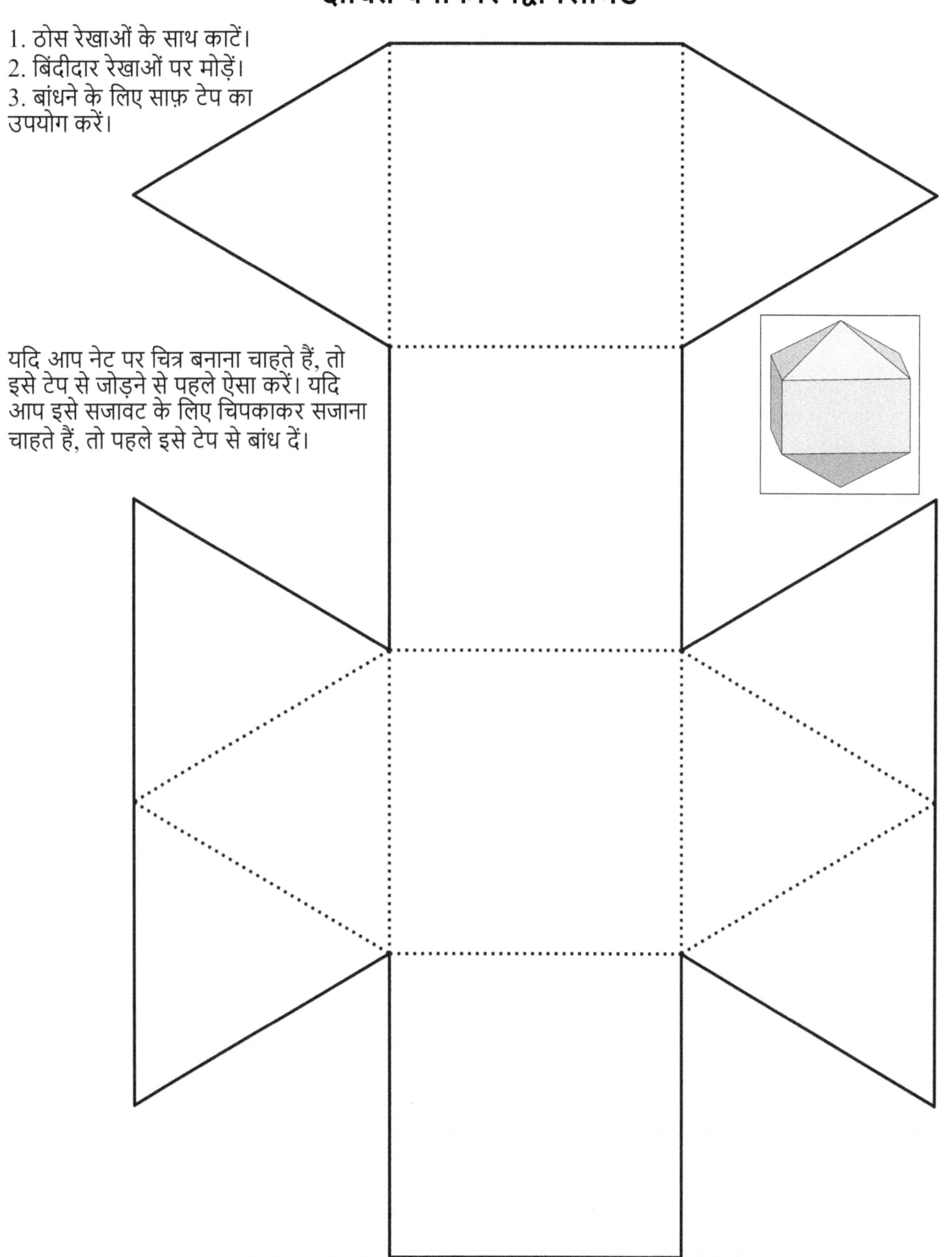

बहुफलकों के लिए जाल - प्रोजेक्ट बुक डेविड ई. मैकएडम्स द्वारा

लम्बा वर्गाकार पिरामिड

1. ठोस रेखाओं के साथ काटें।
2. बिंदीदार रेखाओं पर मोड़ें।
3. बांधने के लिए साफ़ टेप का उपयोग करें।

यदि आप नेट पर चित्र बनाना चाहते हैं, तो इसे टेप से जोड़ने से पहले ऐसा करें। यदि आप इसे सजावट के लिए चिपकाकर सजाना चाहते हैं, तो पहले इसे टेप से बांध दें।

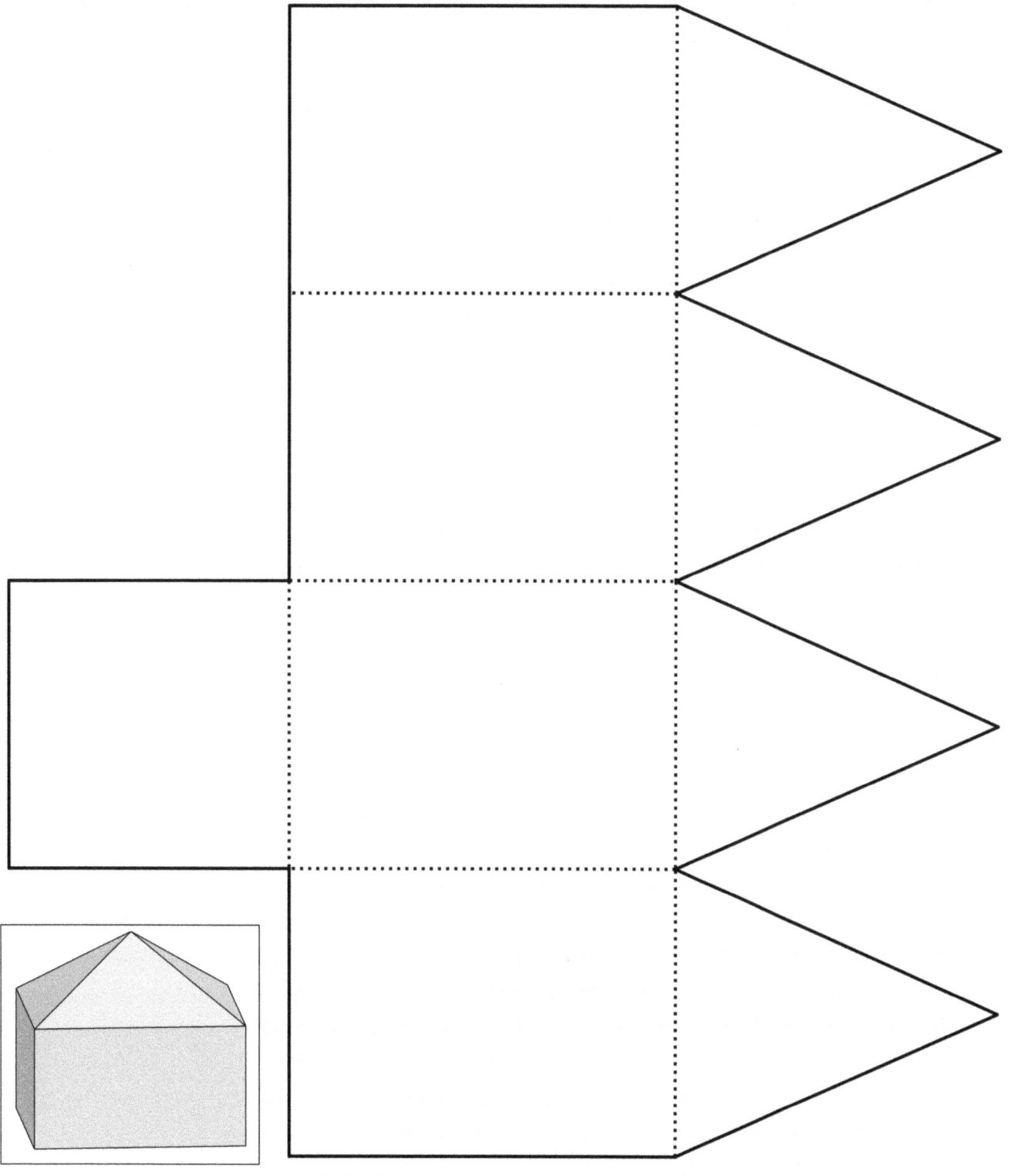

बहुफलकों के लिए जाल - प्रोजेक्ट बुक डेविड ई. मैकएडम्स द्वारा

कॉपीराइट 2024. केवल आकस्मिक, गैर-वाणिज्यिक शैक्षिक उपयोग के लिए कॉपी किया जा सकता है। अधिक जानकारी के लिए कॉपीराइट नोटिस देखें।

लम्बा त्रिकोणीय एंटीप्रिज्म

1. ठोस रेखाओं के साथ काटें।
2. बिंदीदार रेखाओं पर मोड़ें।
3. धराशायी रेखा पर पीछे की ओर मोड़ें
4. बांधने के लिए साफ़ टेप का उपयोग करें।

यदि आप नेट पर चित्र बनाना चाहते हैं, तो इसे टेप से जोड़ने से पहले ऐसा करें। यदि आप इसे सजावट के लिए चिपकाकर सजाना चाहते हैं, तो पहले इसे टेप से बांध दें।

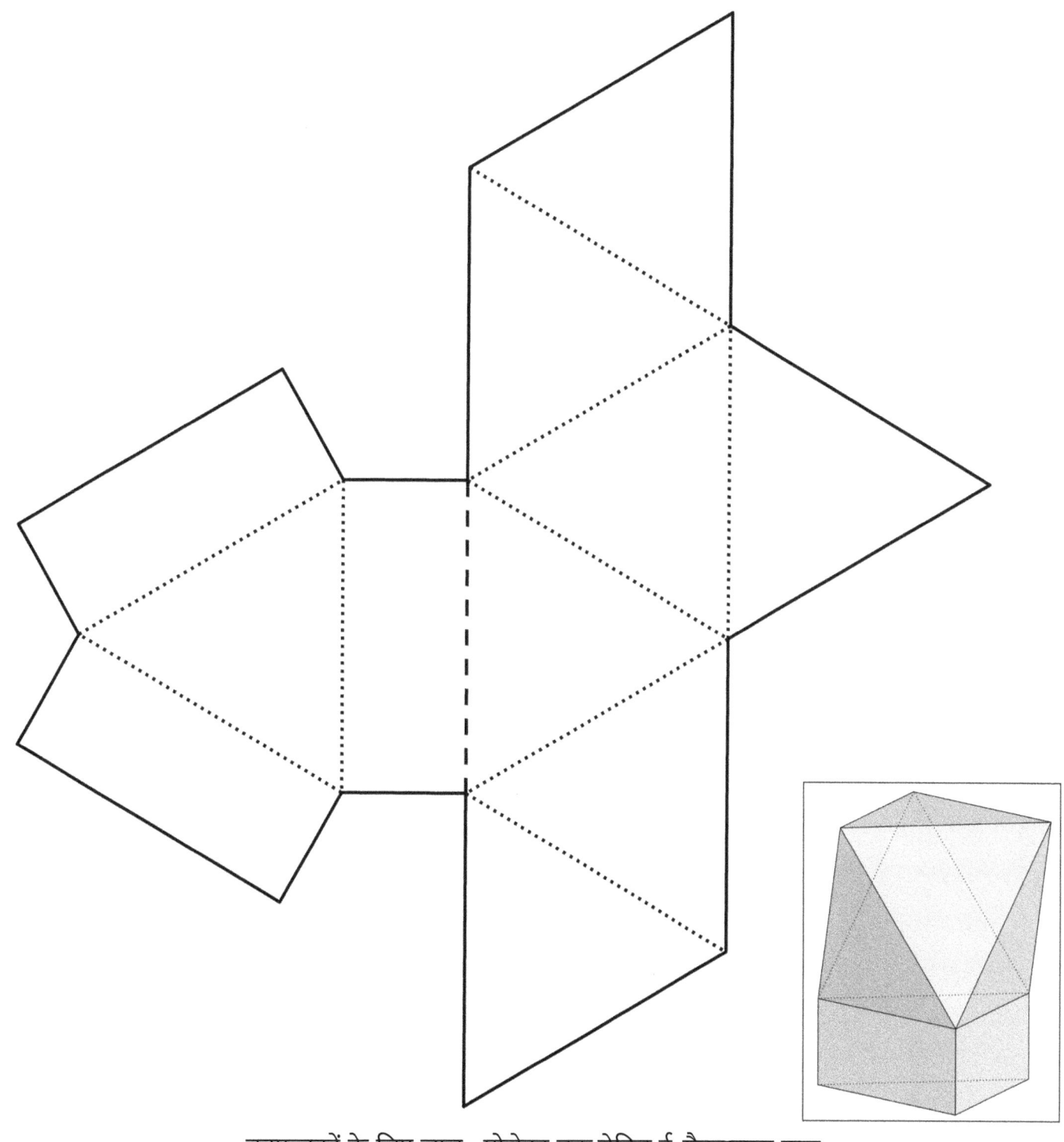

बहुफलकों के लिए जाल - प्रोजेक्ट बुक डेविड ई. मैकएडम्स द्वारा

लम्बा त्रिकोणीय गुंबद

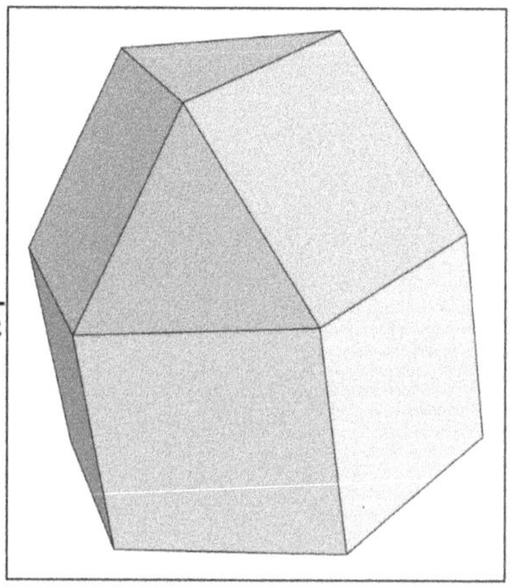

1. ठोस रेखाओं के साथ काटें।
2. बिंदीदार रेखाओं पर मोड़ें।
3. बांधने के लिए साफ़ टेप का उपयोग करें।

यदि आप नेट पर चित्र बनाना चाहते हैं, तो इसे टेप से जोड़ने से पहले ऐसा करें। यदि चिपकाकर सजाना चाहते हैं, तो पहले इसे टेप से बांध दें।

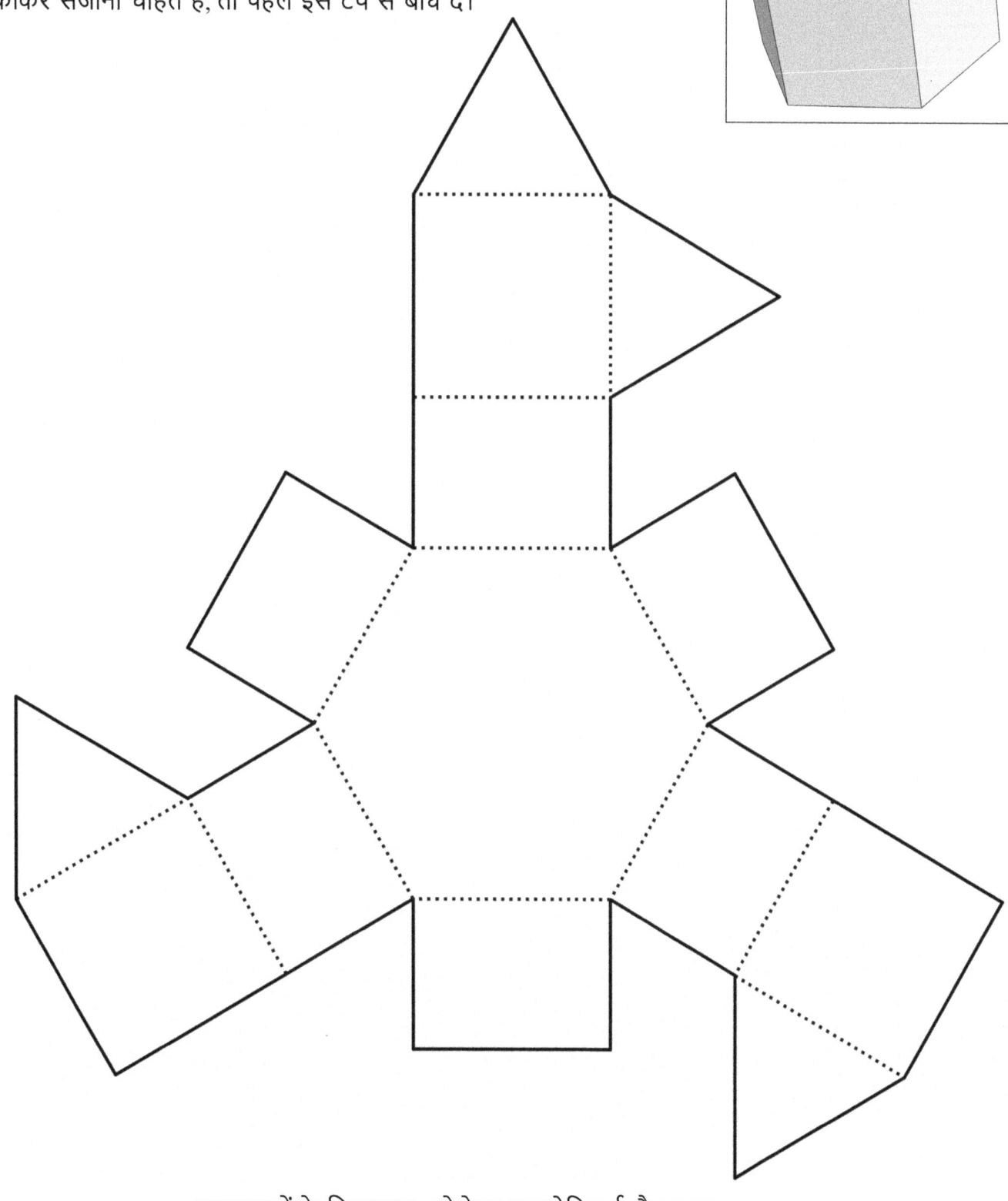

बहुफलकों के लिए जाल - प्रोजेक्ट बुक डेविड ई. मैकएडम्स द्वारा

कॉपीराइट 2024. केवल आकस्मिक, गैर-वाणिज्यिक शैक्षिक उपयोग के लिए कॉपी किया जा सकता है। अधिक जानकारी के लिए कॉपीराइट नोटिस देखें।

लम्बा त्रिभुजाकार द्विपिरामिड

1. ठोस रेखाओं के साथ काटें।
2. बिंदीदार रेखाओं पर मोड़ें।
3. बांधने के लिए साफ़ टेप का उपयोग करें।

यदि आप नेट पर चित्र बनाना चाहते हैं, तो इसे टेप से जोड़ने से पहले ऐसा करें। यदि आप इसे सजावट के लिए चिपकाकर सजाना चाहते हैं, तो पहले इसे टेप से बांध दें।

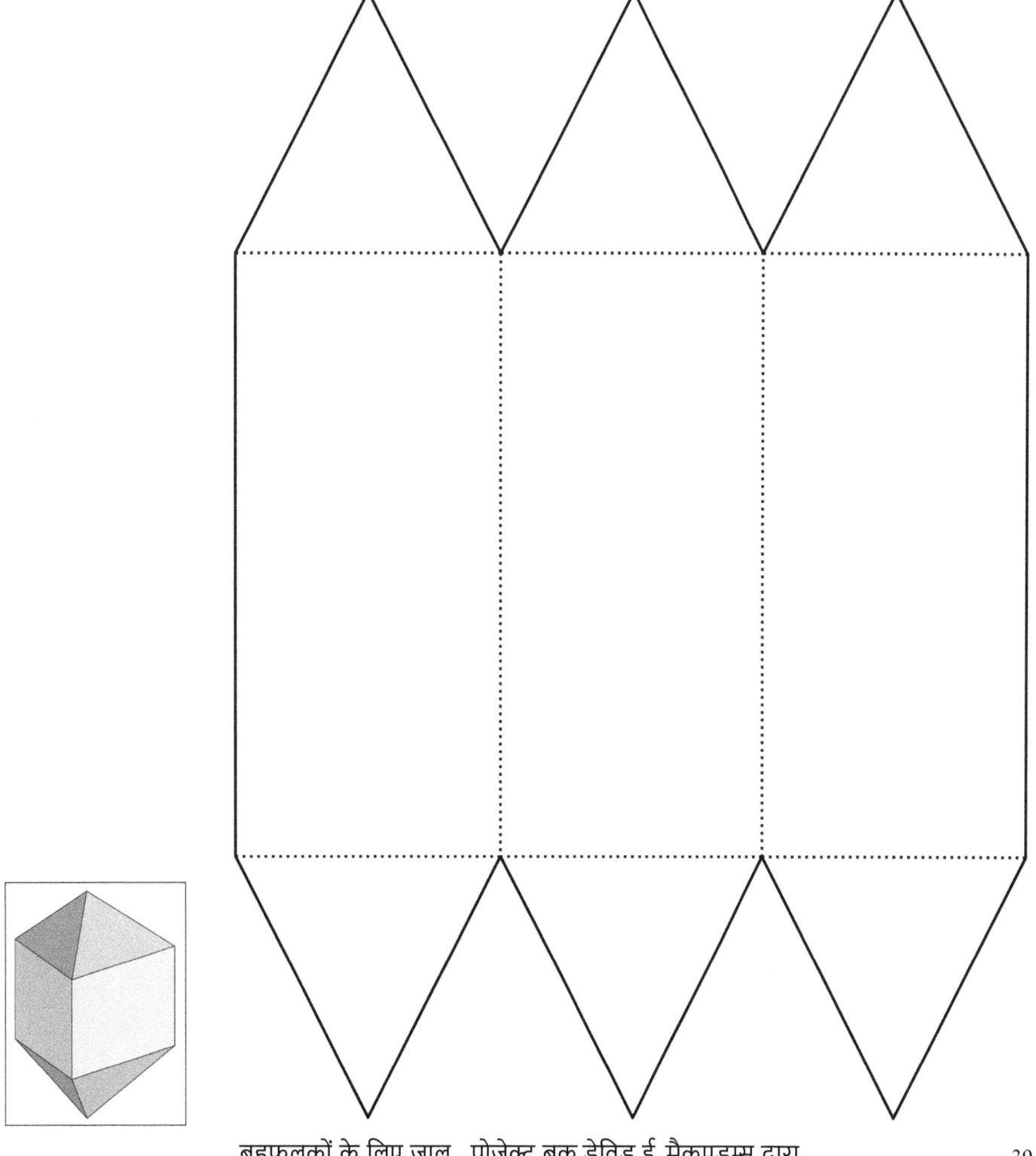

बहुफलकों के लिए जाल - प्रोजेक्ट बुक डेविड ई. मैकएडम्स द्वारा 39

लम्बा त्रिभुजाकार पिरामिड

1. ठोस रेखाओं के साथ काटें।
2. बिंदीदार रेखाओं पर मोड़ें।
3. बांधने के लिए साफ़ टेप का उपयोग करें।

यदि आप नेट पर चित्र बनाना चाहते हैं, तो इसे टेप से जोड़ने से पहले ऐसा करें। यदि आप इसे सजावट के लिए चिपकाकर सजाना चाहते हैं, तो पहले इसे टेप से बांध दें।

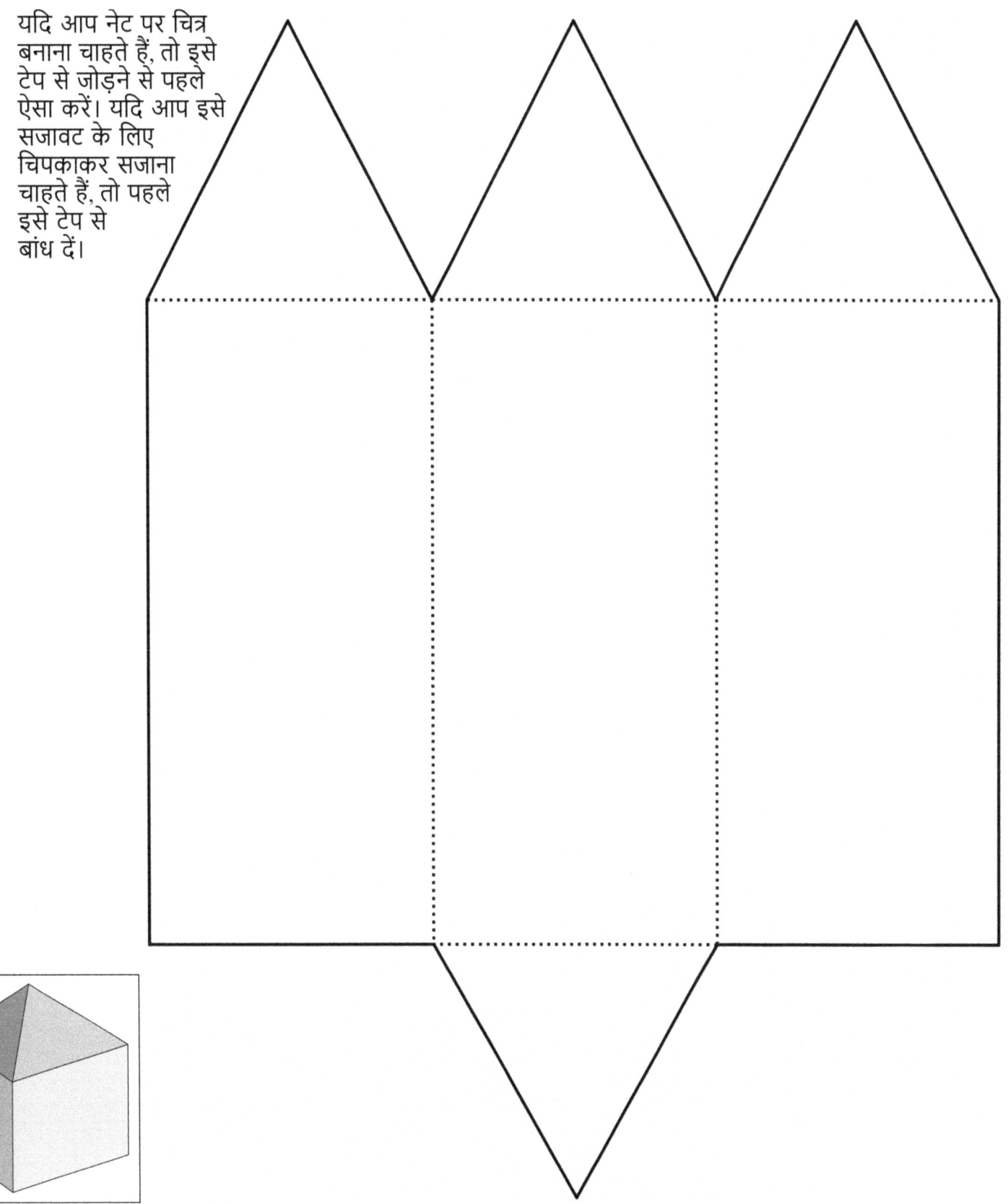

बहुफलकों के लिए जाल - प्रोजेक्ट बुक डेविड ई. मैकएडम्स द्वारा

कॉपीराइट 2024. केवल आकस्मिक, गैर-वाणिज्यिक शैक्षिक उपयोग के लिए कॉपी किया जा सकता है। अधिक जानकारी के लिए कॉपीराइट नोटिस देखें।

एक दशकोणीय पिरामिड का छिन्नक

1. ठोस रेखाओं के साथ काटें।
2. बिंदीदार रेखाओं पर मोड़ें।
3. बांधने के लिए साफ़ टेप का उपयोग करें।

यदि आप नेट पर चित्र बनाना चाहते हैं, तो इसे टेप से जोड़ने से पहले ऐसा करें। यदि आप इसे सजावट के लिए चिपकाकर सजाना चाहते हैं, तो पहले इसे टेप से बांध दें।

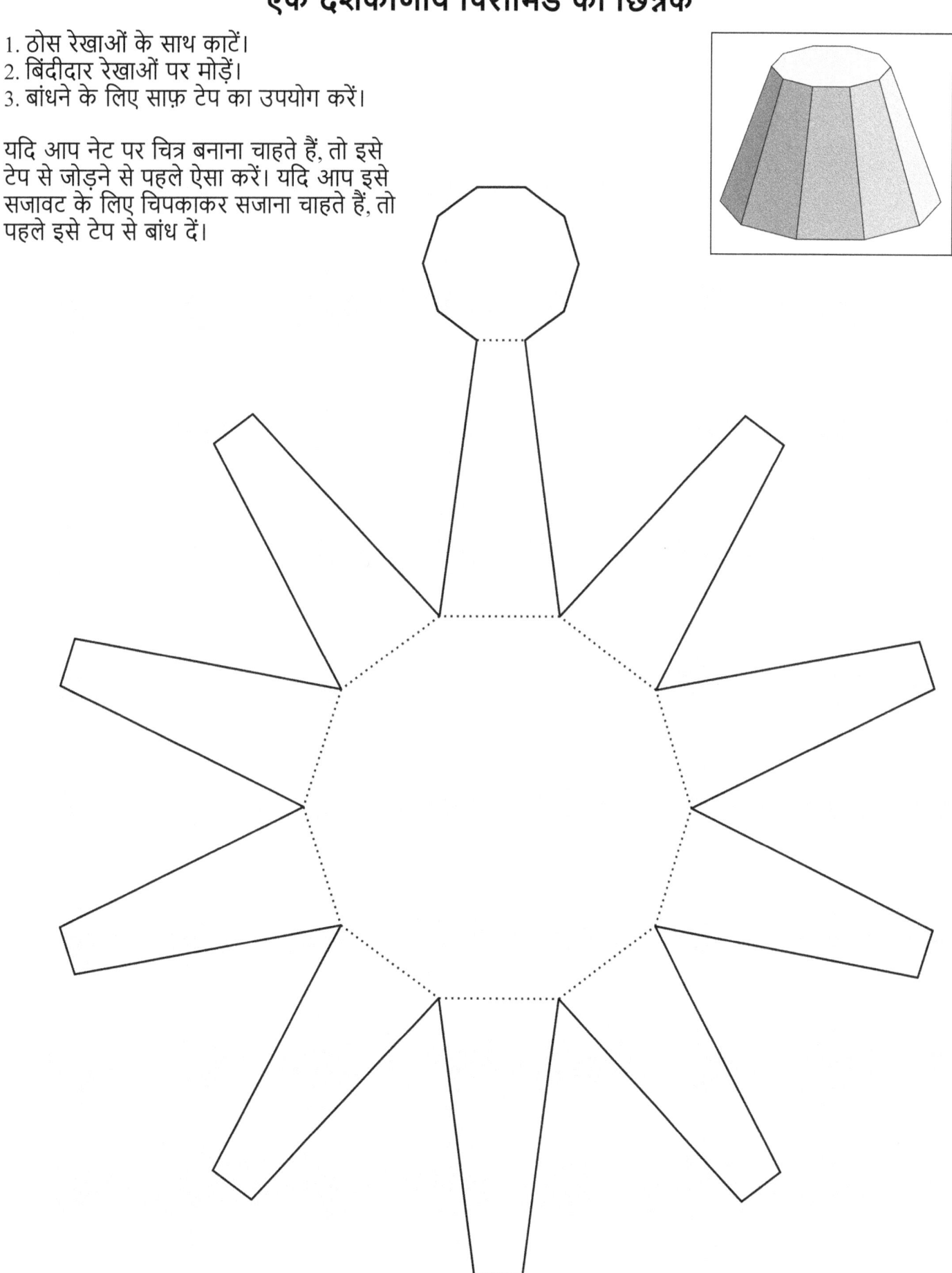

बहुफलकों के लिए जाल - प्रोजेक्ट बुक डेविड ई. मैकएडम्स द्वारा 43

चतुर्भुज पिरामिड का छिन्नक

1. ठोस रेखाओं के साथ काटें।
2. बिंदीदार रेखाओं पर मोड़ें।
3. बांधने के लिए साफ़ टेप का उपयोग करें।

यदि आप नेट पर चित्र बनाना चाहते हैं, तो इसे टेप से जोड़ने से पहले ऐसा करें। यदि आप इसे सजावट के लिए चिपकाकर सजाना चाहते हैं, तो पहले इसे टेप से बांध दें।

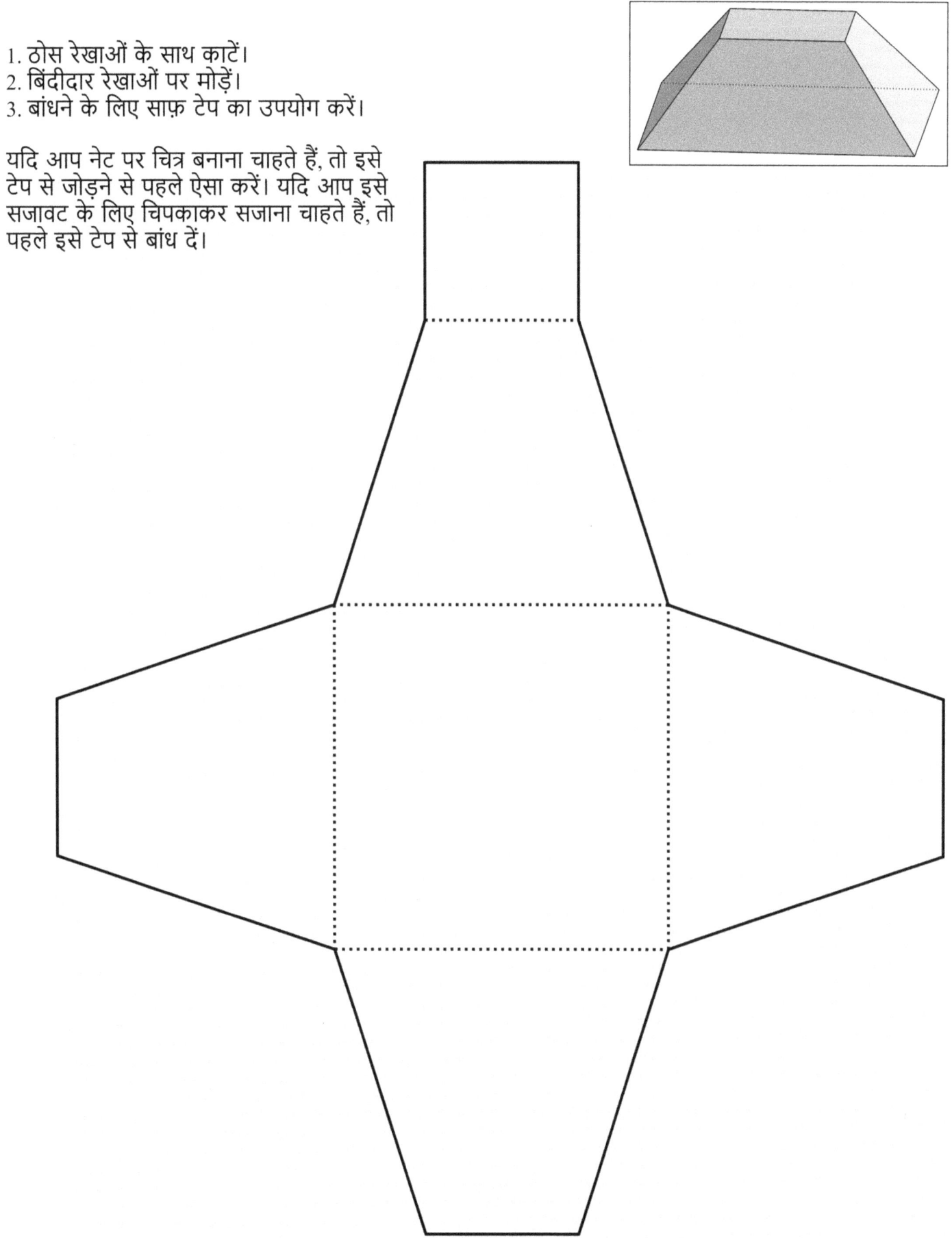

बहुफलकों के लिए जाल - प्रोजेक्ट बुक डेविड ई. मैकएडम्स द्वारा 45

कॉपीराइट 2024. केवल आकस्मिक, गैर-वाणिज्यिक शैक्षिक उपयोग के लिए कॉपी किया जा सकता है। अधिक जानकारी के लिए कॉपीराइट नोटिस देखें।

एक त्रिकोणीय पिरामिड का छिन्नक

1. ठोस रेखाओं के साथ काटें।
2. बिंदीदार रेखाओं पर मोड़ें।
3. बांधने के लिए साफ़ टेप का उपयोग करें।

यदि आप नेट पर चित्र बनाना चाहते हैं, तो इसे टेप से जोड़ने से पहले ऐसा करें। यदि आप इसे सजावट के लिए चिपकाकर सजाना चाहते हैं, तो पहले इसे टेप से बांध दें।

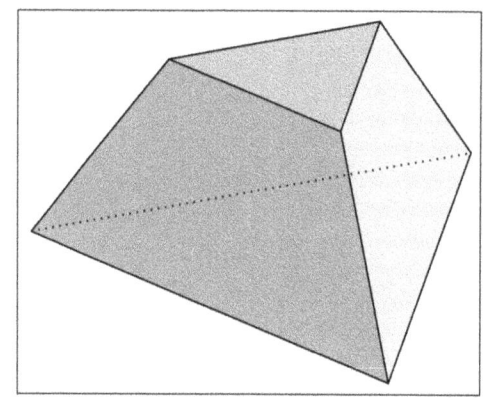

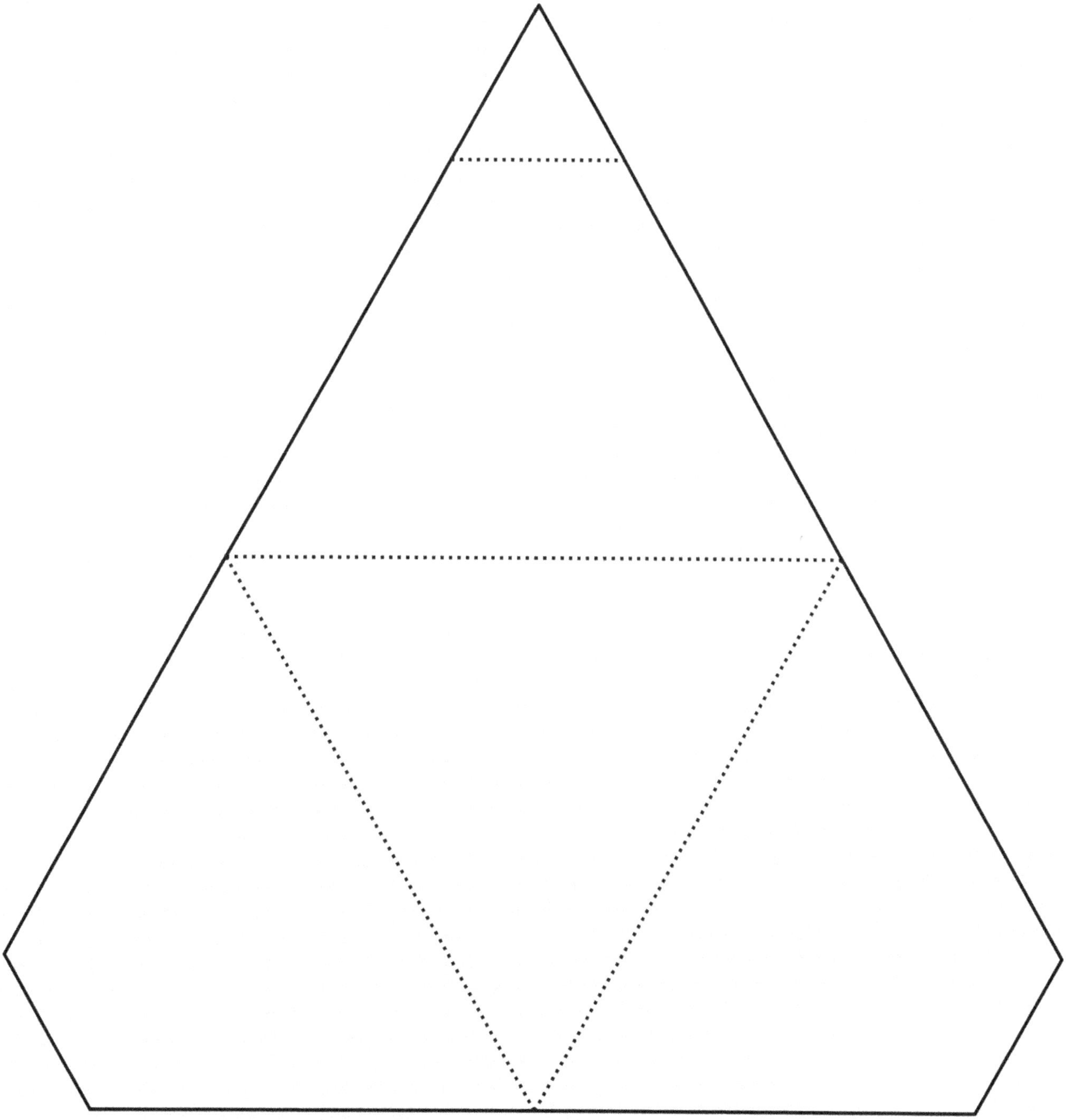

बहुफलकों के लिए जाल - प्रोजेक्ट बुक डेविड ई. मैकएडम्स द्वारा 47

कॉपीराइट 2024. केवल आकस्मिक, गैर-वाणिज्यिक शैक्षिक उपयोग के लिए कॉपी किया जा सकता है। अधिक जानकारी के लिए कॉपीराइट नोटिस देखें।

महान डोडेकाहेड्रॉन

1. ठोस रेखाओं के साथ काटें।
2. बिंदीदार रेखाओं पर मोड़ें।
3. धराशायी रेखा पर पीछे की ओर मोड़ें
4. बांधने के लिए साफ़ टेप का उपयोग करें।

यदि आप नेट पर चित्र बनाना चाहते हैं, तो इसे टेप से जोड़ने से पहले ऐसा करें। यदि आप इसे सजावट के लिए चिपकाकर सजाना चाहते हैं, तो पहले इसे टेप से बांध दें

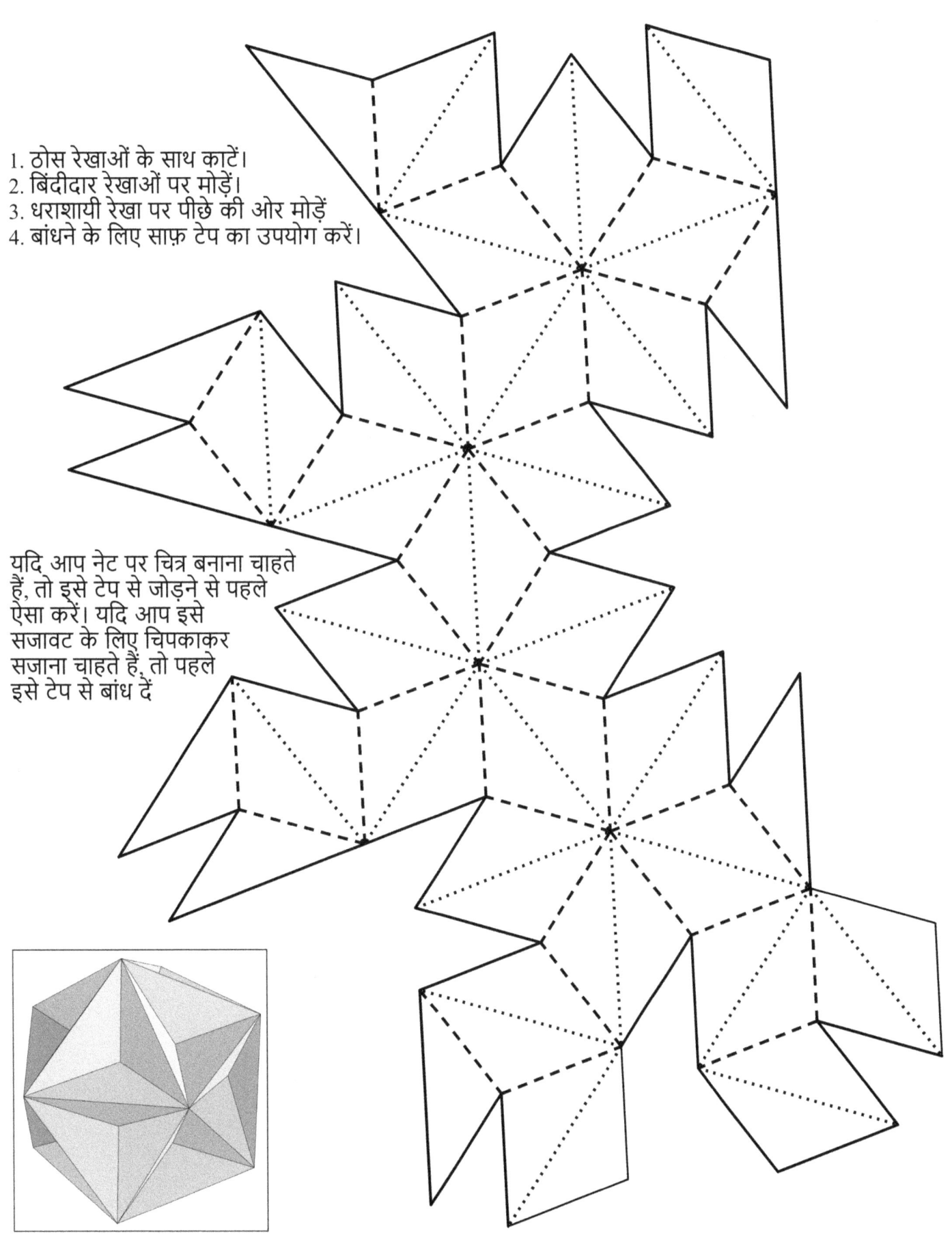

बहुफलकों के लिए जाल - प्रोजेक्ट बुक डेविड ई. मैकएडम्स द्वारा

कॉपीराइट 2024. केवल आकस्मिक, गैर-वाणिज्यिक शैक्षिक उपयोग के लिए कॉपी किया जा सकता है। अधिक जानकारी के लिए कॉपीराइट नोटिस देखें।

महान ताराकार डोडेकाहेड्रॉन

1. यह दो भागों वाला जाल है। आधा इस पेज पर है और आधा अगले पेज पर।
2. दोनों भागों को ठोस रेखाओं के साथ काटें।
3. लेबल 'A' पर दोनों भागों को एक साथ टेप करें।
4. बिंदीदार रेखाओं पर मोड़ें।
5. धराशायी रेखा पर पीछे की ओर मोड़ें।
6. बांधने के लिए स्पष्ट टेप का उपयोग करें।

यदि आप नेट पर चित्र बनाना चाहते हैं, तो इसे टेप से जोड़ने से पहले ऐसा करें। यदि आप इसे सजावट के लिए चिपकाकर सजाना चाहते हैं, तो पहले इसे टेप से बांध दें

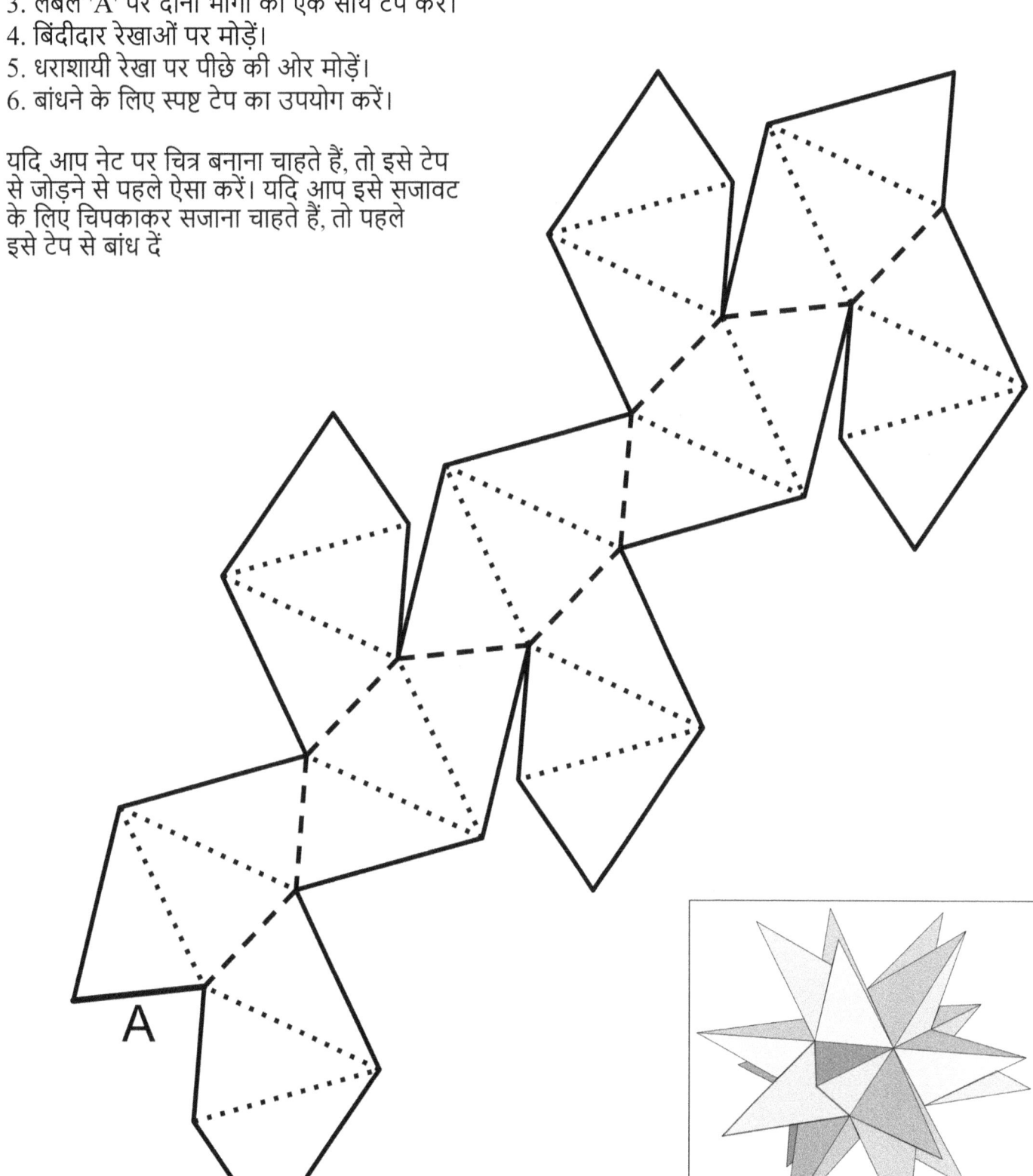

A

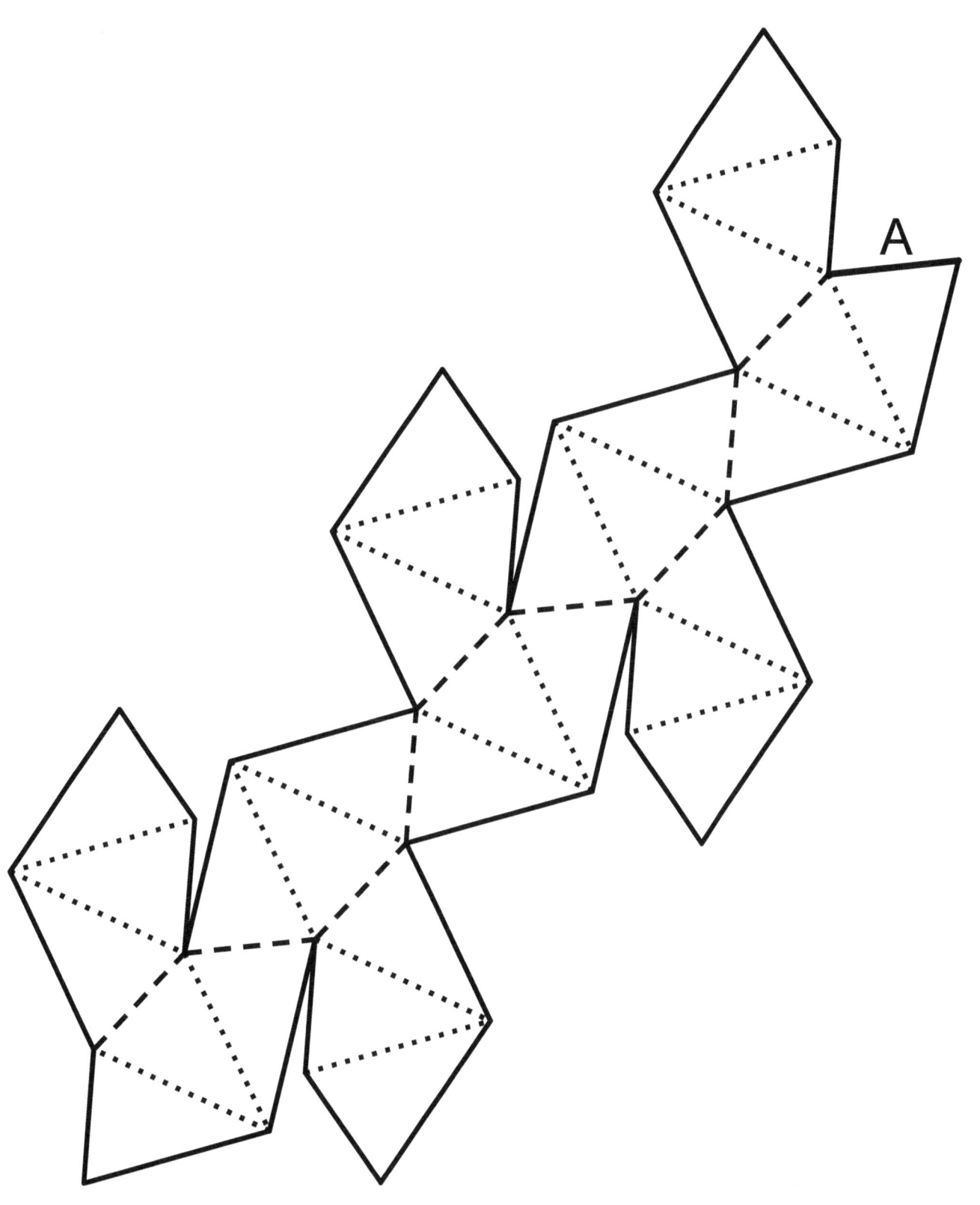

जाइरोएलॉन्गेटेड पेंटागोनल पिरामिड

1. ठोस रेखाओं के साथ काटें।
2. बिंदीदार रेखाओं पर मोड़ें।
3. बांधने के लिए साफ़ टेप का उपयोग करें।

यदि आप नेट पर चित्र बनाना चाहते हैं, तो इसे टेप से जोड़ने से पहले ऐसा करें। यदि आप इसे सजावट के लिए चिपकाकर सजाना चाहते हैं, तो पहले इसे टेप से बांध दें।

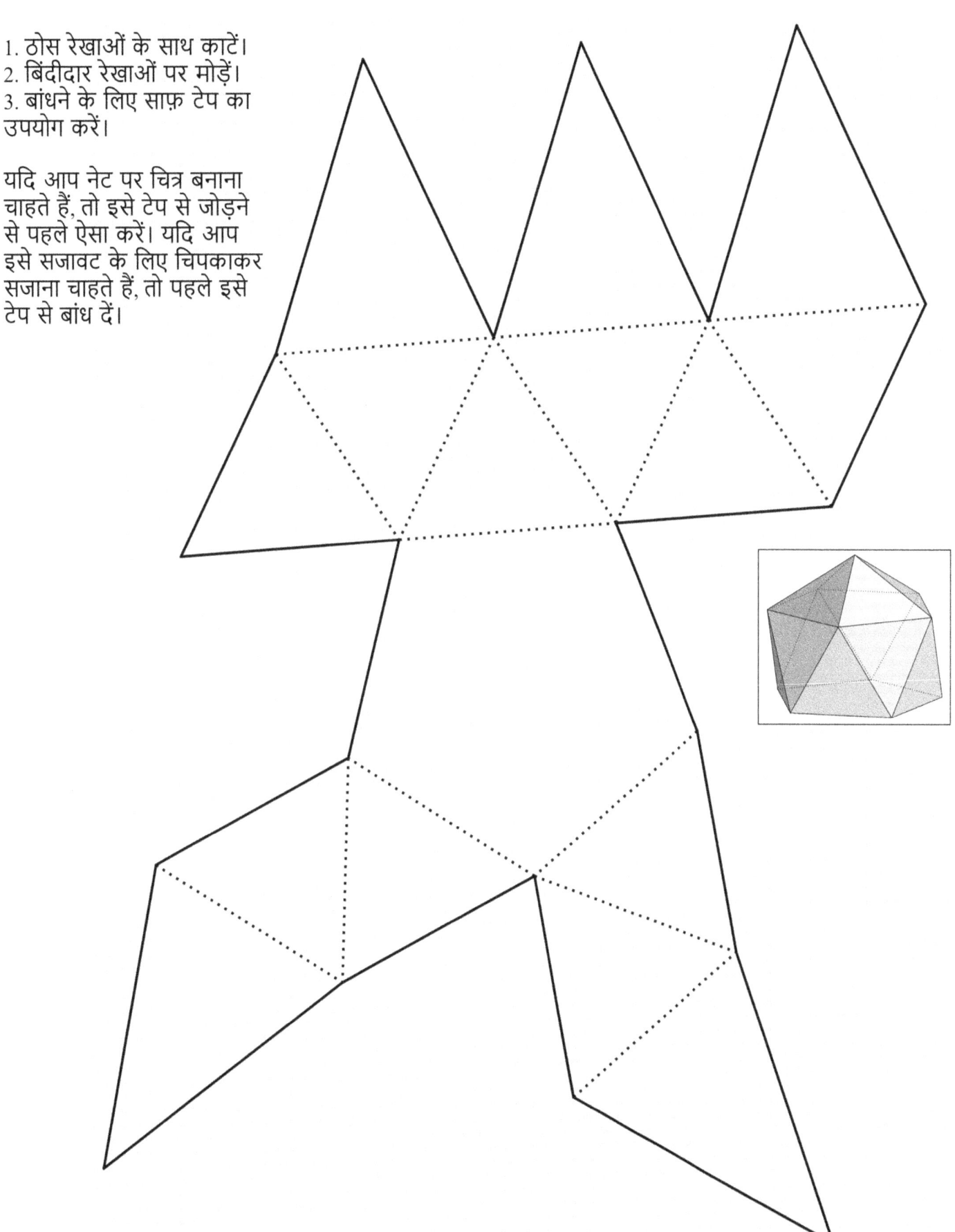

बहुफलकों के लिए जाल - प्रोजेक्ट बुक डेविड ई. मैकएडम्स द्वारा

कॉपीराइट 2024. केवल आकस्मिक, गैर-वाणिज्यिक शैक्षिक उपयोग के लिए कॉपी किया जा सकता है। अधिक जानकारी के लिए कॉपीराइट नोटिस देखें।

जाइरोलांगेटेड स्क्वायर बिपिरामिड

1. ठोस रेखाओं के साथ काटें।
2. बिंदीदार रेखाओं पर मोड़ें।
3. बांधने के लिए साफ़ टेप का उपयोग करें।

यदि आप नेट पर चित्र बनाना चाहते हैं, तो इसे टेप से जोड़ने से पहले ऐसा करें। यदि आप इसे सजावट के लिए चिपकाकर सजाना चाहते हैं, तो पहले इसे टेप से बांध दें।

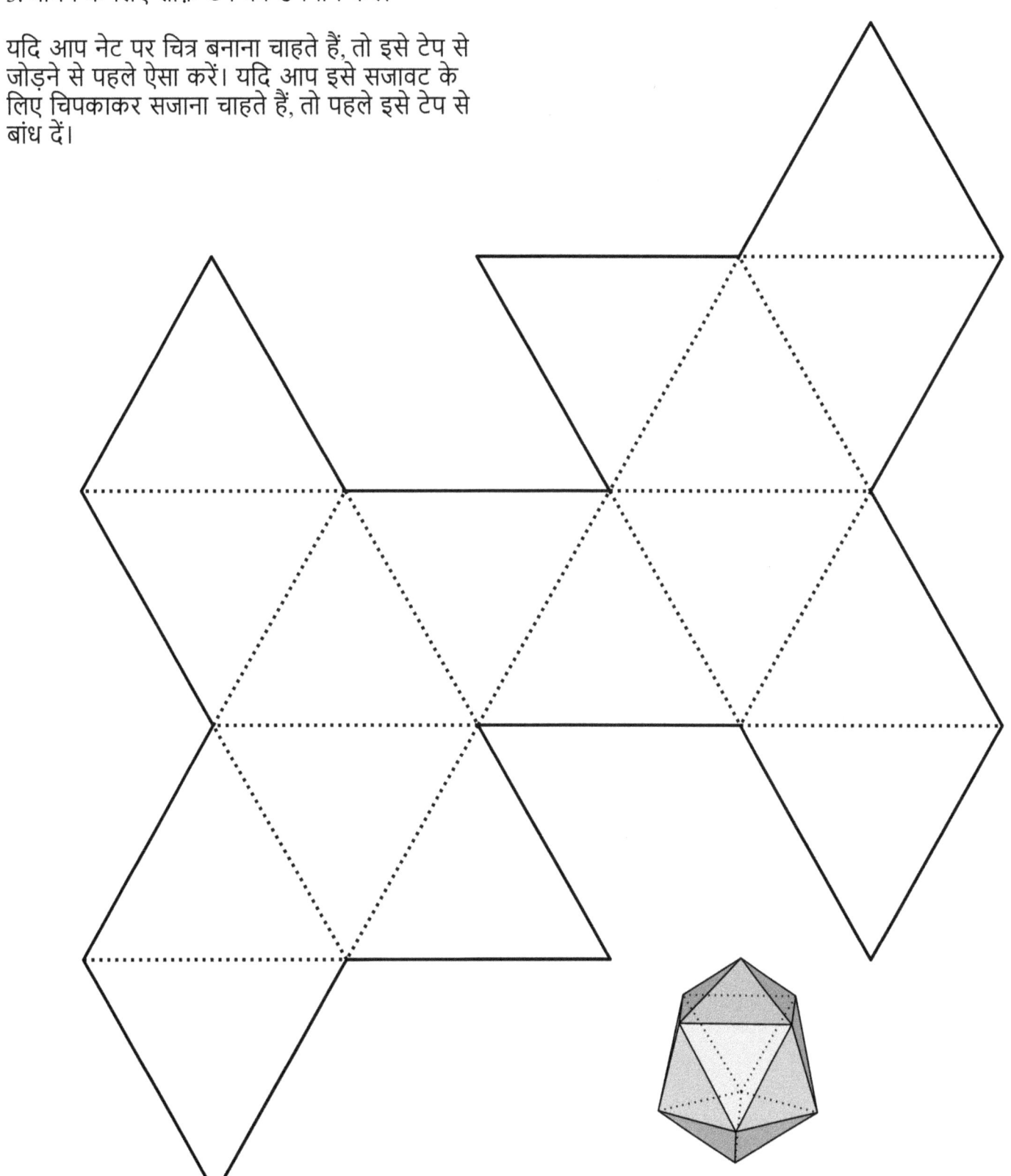

बहुफलकों के लिए जाल - प्रोजेक्ट बुक डेविड ई. मैकएडम्स द्वारा 57

जाइरोएलोंगेटेड स्क्वायर प्रिज्म

1. ठोस रेखाओं के साथ काटें।
2. बिंदीदार रेखाओं पर मोड़ें।
3. धराशायी रेखा पर पीछे की ओर मोड़ें
4. बांधने के लिए साफ़ टेप का उपयोग करें।

यदि आप नेट पर चित्र बनाना चाहते हैं, तो इसे टेप से जोड़ने से पहले ऐसा करें। यदि आप इसे सजावट के लिए चिपकाकर सजाना चाहते हैं, तो पहले इसे टेप से बांध दें

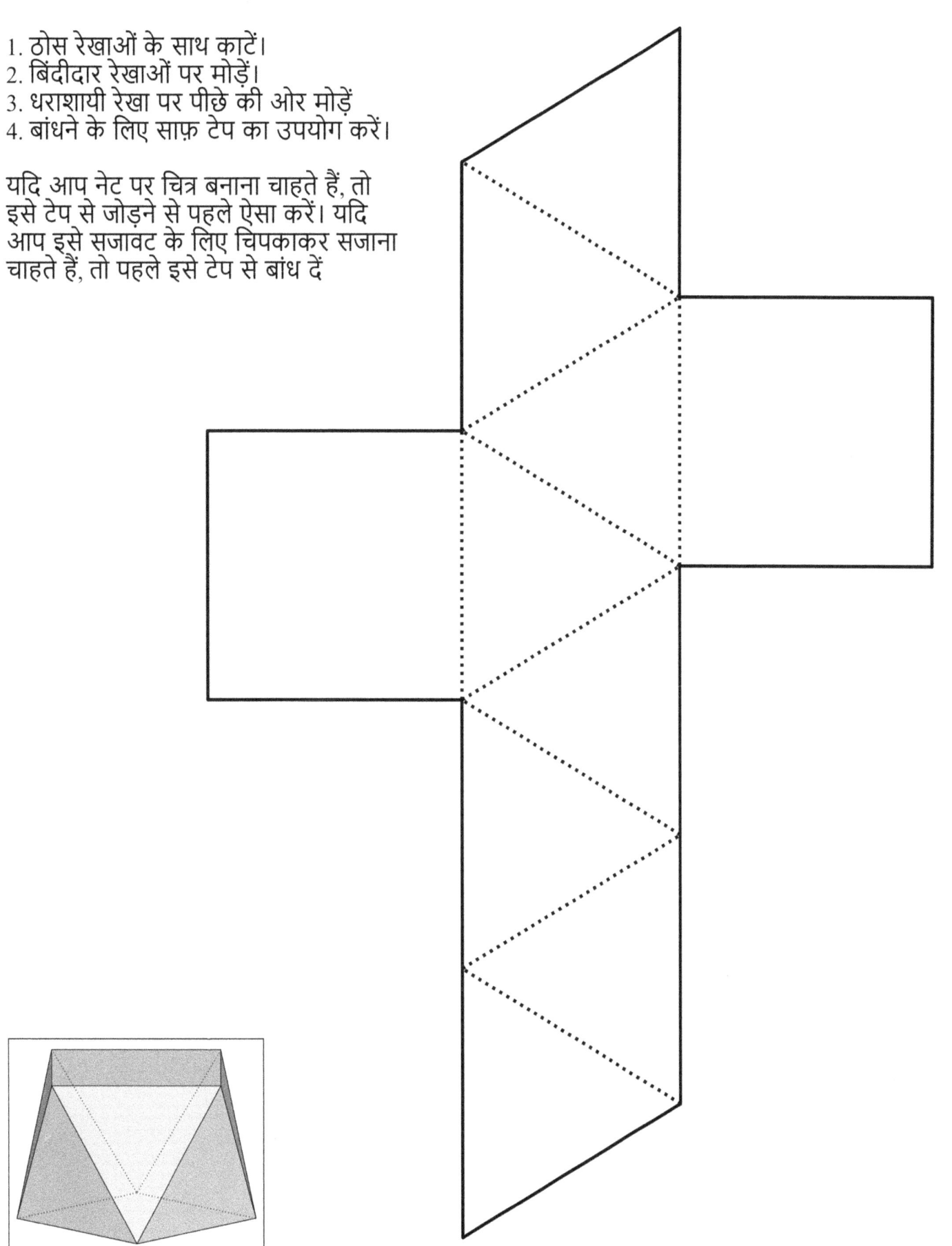

बहुफलकों के लिए जाल - प्रोजेक्ट बुक डेविड ई. मैकएडम्स द्वारा 59

कॉपीराइट 2024. केवल आकस्मिक, गैर-वाणिज्यिक शैक्षिक उपयोग के लिए कॉपी किया जा सकता है। अधिक जानकारी के लिए कॉपीराइट नोटिस देखें।

जाइरोएलोंगेटेड स्क्वायर पिरामिड

1. ठोस रेखाओं के साथ काटें।
2. बिंदीदार रेखाओं पर मोड़ें।
3. बांधने के लिए साफ़ टेप का उपयोग करें।

यदि आप नेट पर चित्र बनाना चाहते हैं, तो इसे टेप से जोड़ने से पहले ऐसा करें। यदि आप इसे सजावट के लिए चिपकाकर सजाना चाहते हैं, तो पहले इसे टेप से बांध दें।

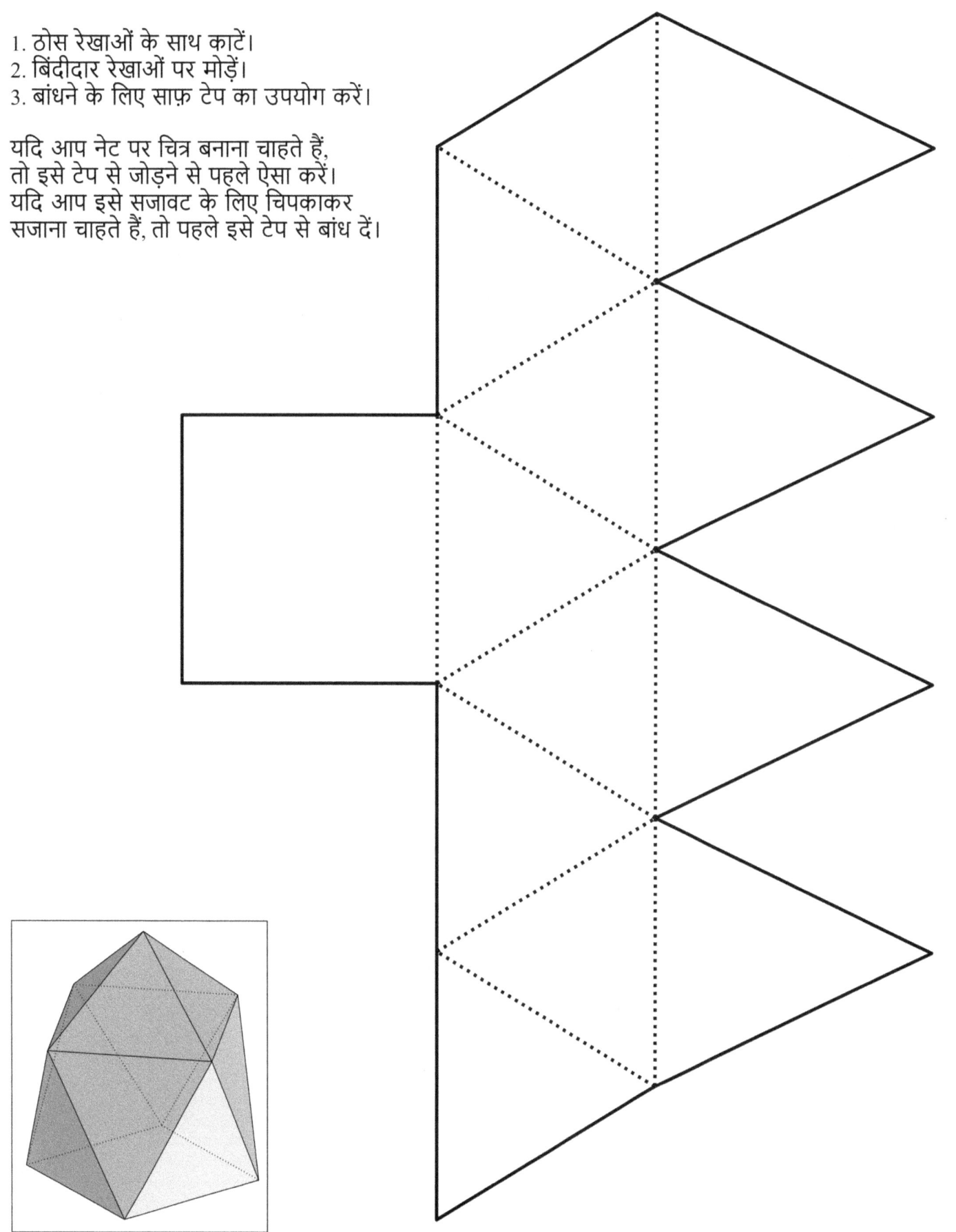

बहुफलकों के लिए जाल - प्रोजेक्ट बुक डेविड ई. मैकएडम्स द्वारा

कॉपीराइट 2024. केवल आकस्मिक, गैर-वाणिज्यिक शैक्षिक उपयोग के लिए कॉपी किया जा सकता है। अधिक जानकारी के लिए कॉपीराइट नोटिस देखें।

हेप्टागोनल पिरामिड

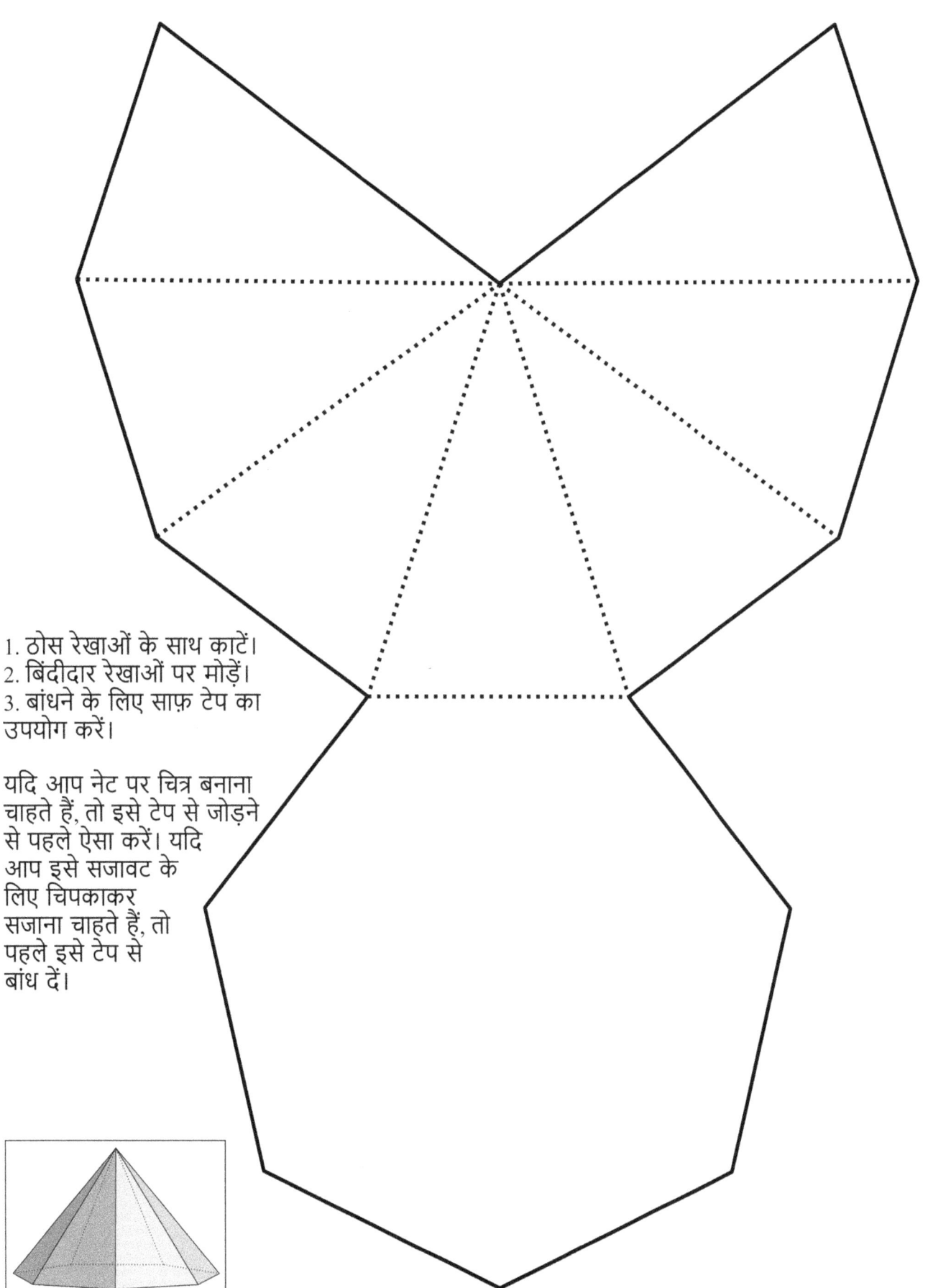

1. ठोस रेखाओं के साथ काटें।
2. बिंदीदार रेखाओं पर मोड़ें।
3. बांधने के लिए साफ़ टेप का उपयोग करें।

यदि आप नेट पर चित्र बनाना चाहते हैं, तो इसे टेप से जोड़ने से पहले ऐसा करें। यदि आप इसे सजावट के लिए चिपकाकर सजाना चाहते हैं, तो पहले इसे टेप से बांध दें।

बहुफलकों के लिए जाल - प्रोजेक्ट बुक डेविड ई. मैकएडम्स द्वारा 63

कॉपीराइट 2024. केवल आकस्मिक, गैर-वाणिज्यिक शैक्षिक उपयोग के लिए कॉपी किया जा सकता है। अधिक जानकारी के लिए कॉपीराइट नोटिस देखें।

हेप्टाहेड्रोन 4,4,4,3,3,3,3

1. ठोस रेखाओं के साथ काटें।
2. बिंदीदार रेखाओं पर मोड़ें।
3. बांधने के लिए साफ़ टेप का उपयोग करें।

यदि आप नेट पर चित्र बनाना चाहते हैं, तो इसे टेप से जोड़ने से पहले ऐसा करें। यदि आप इसे सजावट के लिए चिपकाकर सजाना चाहते हैं, तो पहले इसे टेप से बांध दें।

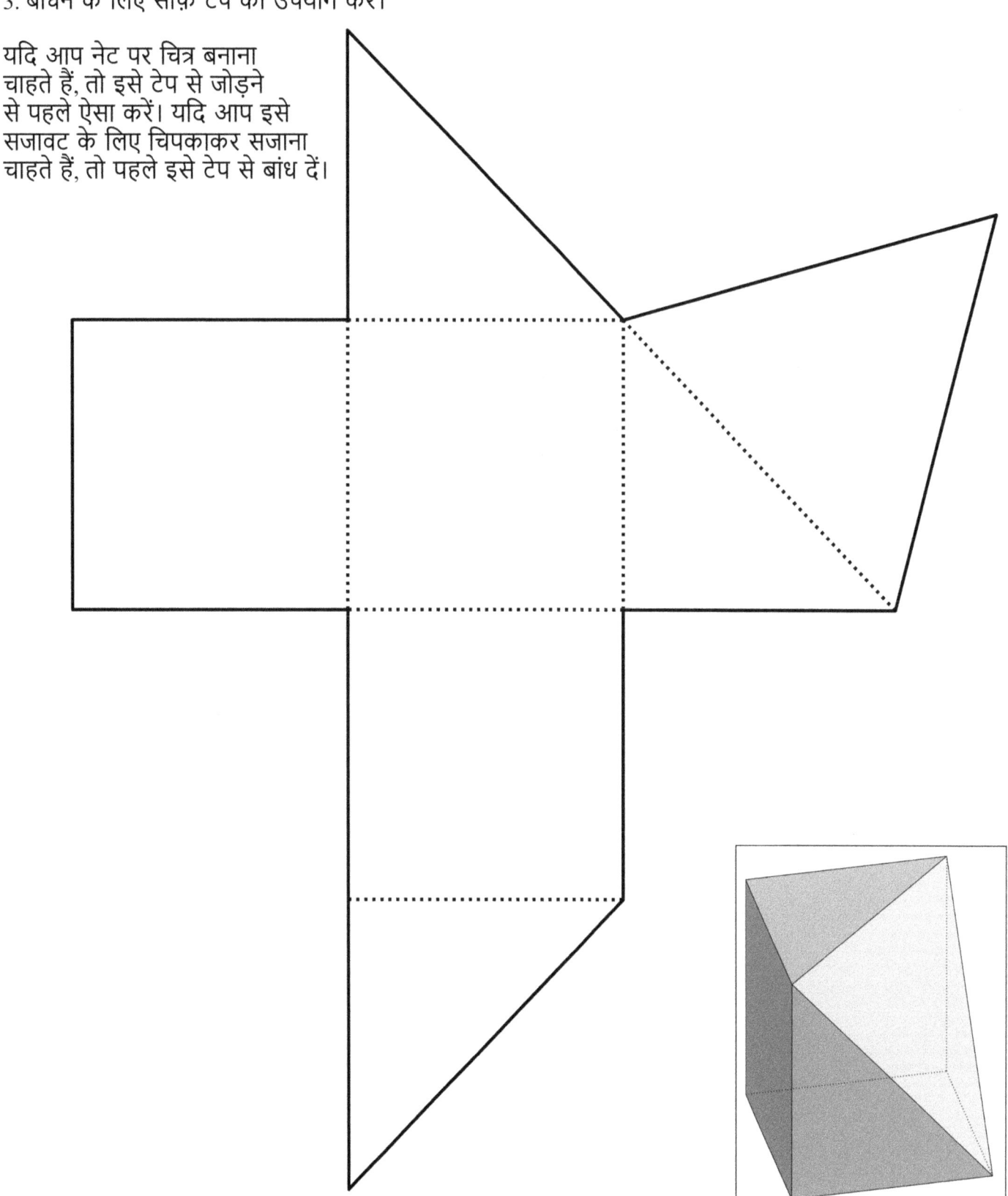

बहुफलकों के लिए जाल - प्रोजेक्ट बुक डेविड ई. मैकएडम्स द्वारा

हेप्टाहेड्रोन 5,5,5,4,4,4,3

1. ठोस रेखाओं के साथ काटें।
2. बिंदीदार रेखाओं पर मोड़ें।
3. बांधने के लिए साफ़ टेप का उपयोग करें।

यदि आप नेट पर चित्र बनाना चाहते हैं, तो इसे टेप से जोड़ने से पहले ऐसा करें। यदि आप इसे सजावट के लिए चिपकाकर सजाना चाहते हैं, तो पहले इसे टेप से बांध दें।

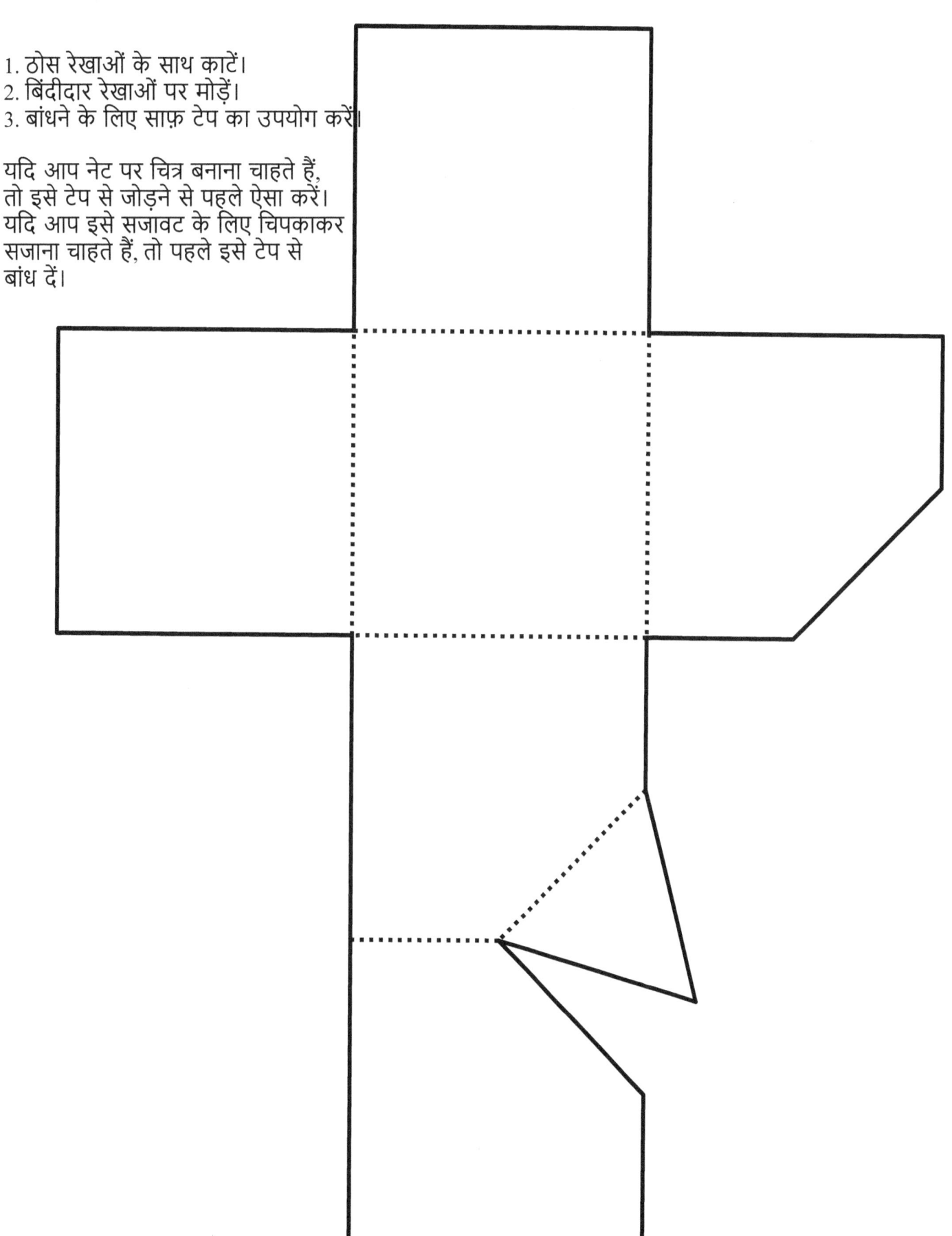

बहुफलकों के लिए जाल - प्रोजेक्ट बुक डेविड ई. मैकएडम्स द्वारा

हेप्टाहेड्रोन 6,6,4,4,4,3,3

1. ठोस रेखाओं के साथ काटें।
2. बिंदीदार रेखाओं पर मोड़ें।
3. बांधने के लिए साफ़ टेप का उपयोग करें।

यदि आप नेट पर चित्र बनाना चाहते हैं, तो इसे टेप से जोड़ने से पहले ऐसा करें। यदि आप इसे सजावट के लिए चिपकाकर सजाना चाहते हैं, तो पहले इसे टेप से बांध दें।

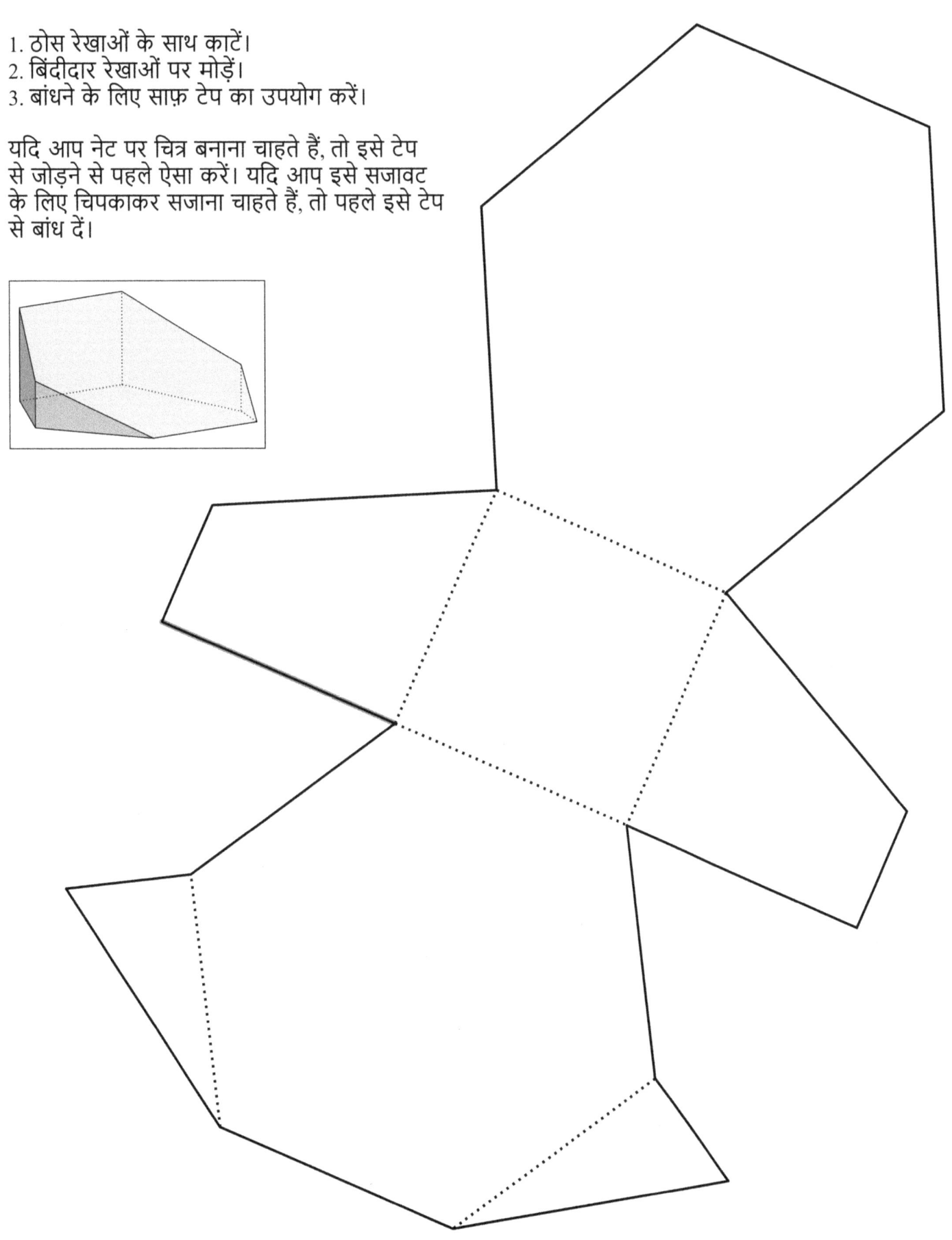

बहुफलकों के लिए जाल - प्रोजेक्ट बुक डेविड ई. मैकएडम्स द्वारा

षटकोणीय प्रिज्म

1. ठोस रेखाओं के साथ काटें।
2. बिंदीदार रेखाओं पर मोड़ें।
3. बांधने के लिए साफ़ टेप का उपयोग करें।

यदि आप नेट पर चित्र बनाना चाहते हैं, तो इसे टेप से जोड़ने से पहले ऐसा करें। यदि आप इसे सजावट के लिए चिपकाकर सजाना चाहते हैं, तो पहले इसे टेप से बांध दें।

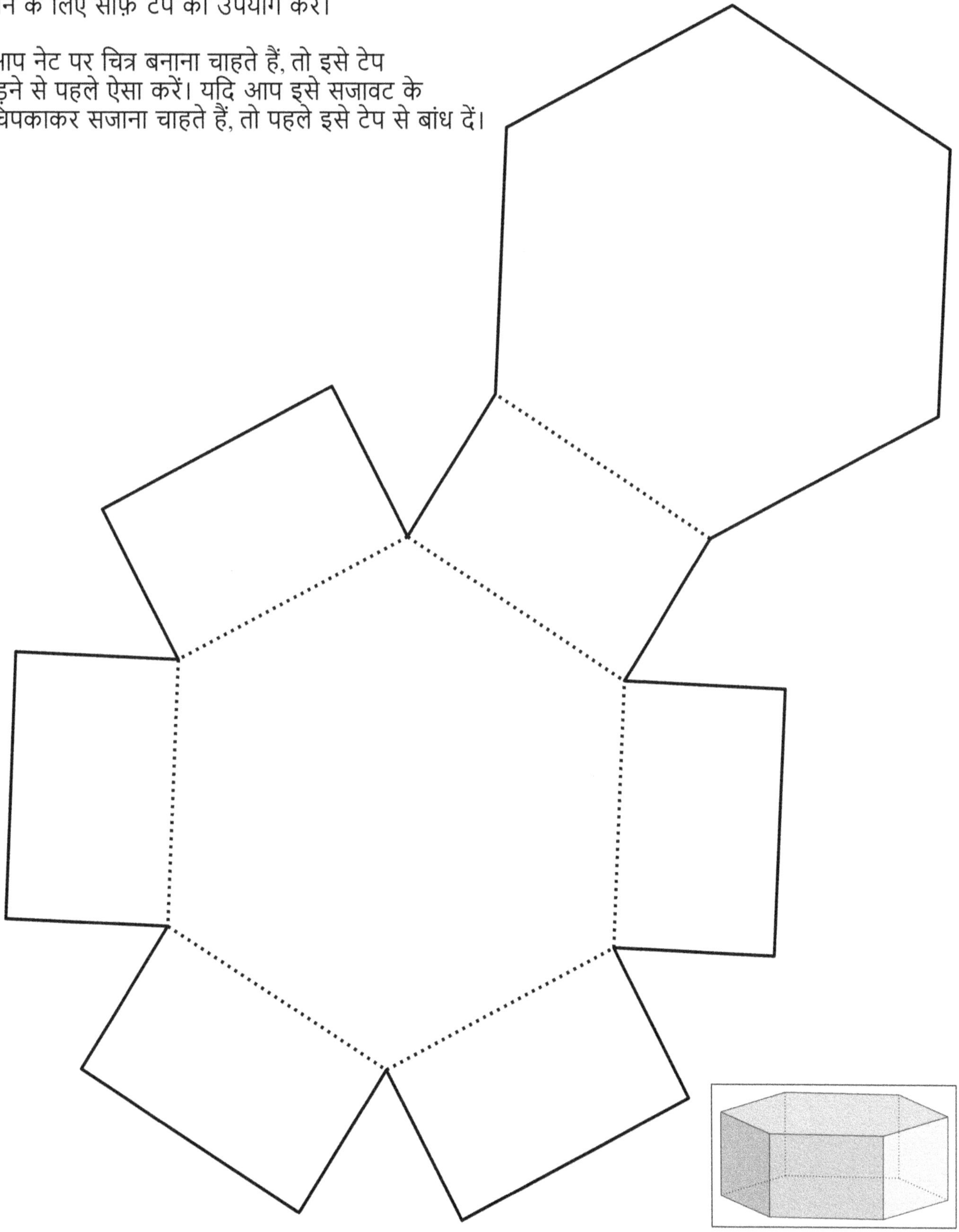

षट्कोणीय पिरामिड

1. ठोस रेखाओं के साथ काटें।
2. बिंदीदार रेखाओं पर मोड़ें।
3. बांधने के लिए साफ़ टेप का उपयोग करें।

यदि आप नेट पर चित्र बनाना चाहते हैं, तो इसे टेप से जोड़ने से पहले ऐसा करें। यदि आप इसे सजावट के लिए चिपकाकर सजाना चाहते हैं, तो पहले इसे टेप से बांध दें।

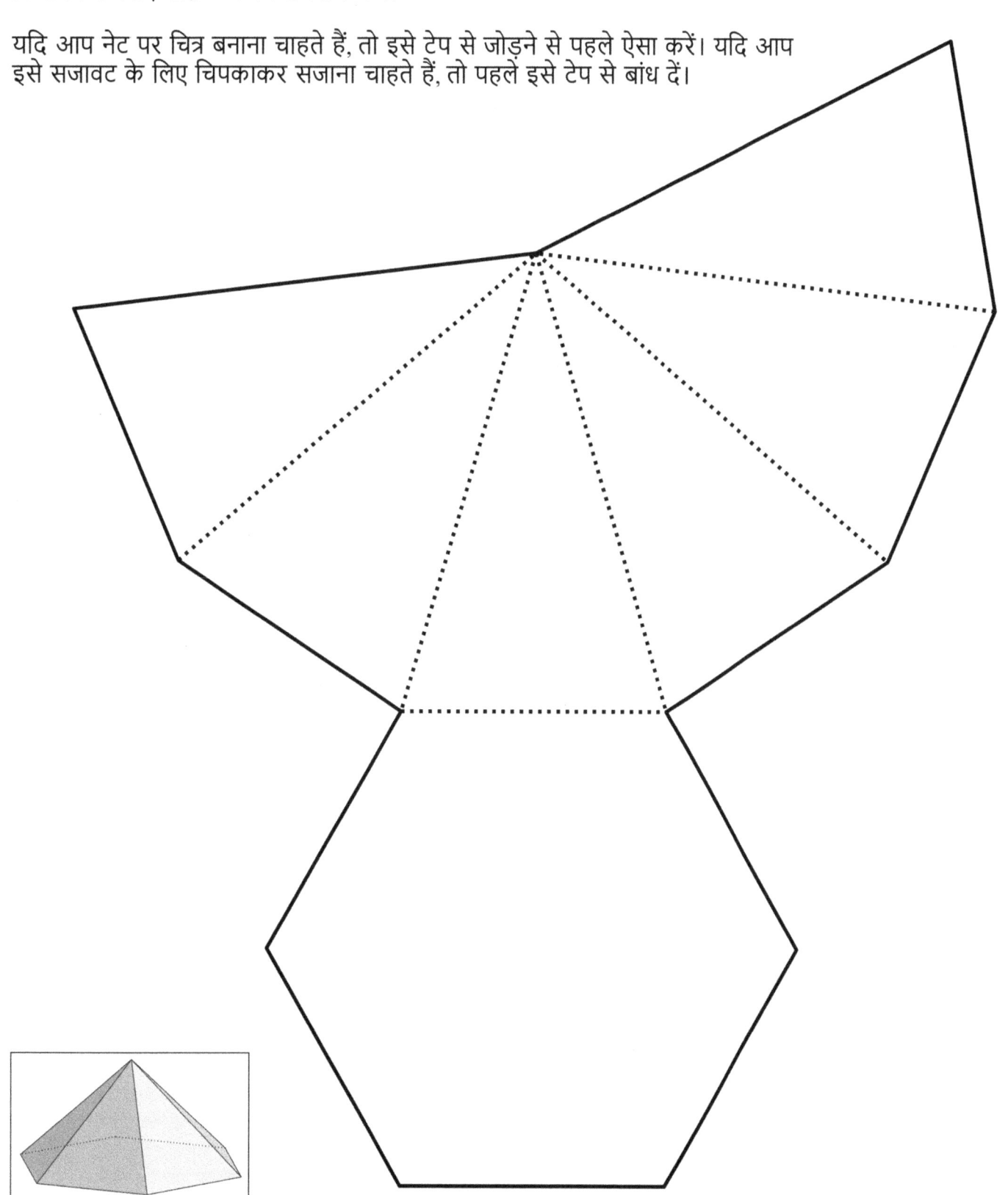

बहुफलकों के लिए जाल - प्रोजेक्ट बुक डेविड ई. मैकएडम्स द्वारा

कॉपीराइट 2024. केवल आकस्मिक, गैर-वाणिज्यिक शैक्षिक उपयोग के लिए कॉपी किया जा सकता है। अधिक जानकारी के लिए कॉपीराइट नोटिस देखें।

षट्फलक 4,4,4,4,3,3

1. ठोस रेखाओं के साथ काटें।
2. बिंदीदार रेखाओं पर मोड़ें।
3. बांधने के लिए साफ़ टेप का उपयोग करें।

यदि आप नेट पर चित्र बनाना चाहते हैं, तो इसे टेप से जोड़ने से पहले ऐसा करें। यदि आप इसे सजावट के लिए चिपकाकर सजाना चाहते हैं, तो पहले इसे टेप से बांध दें।

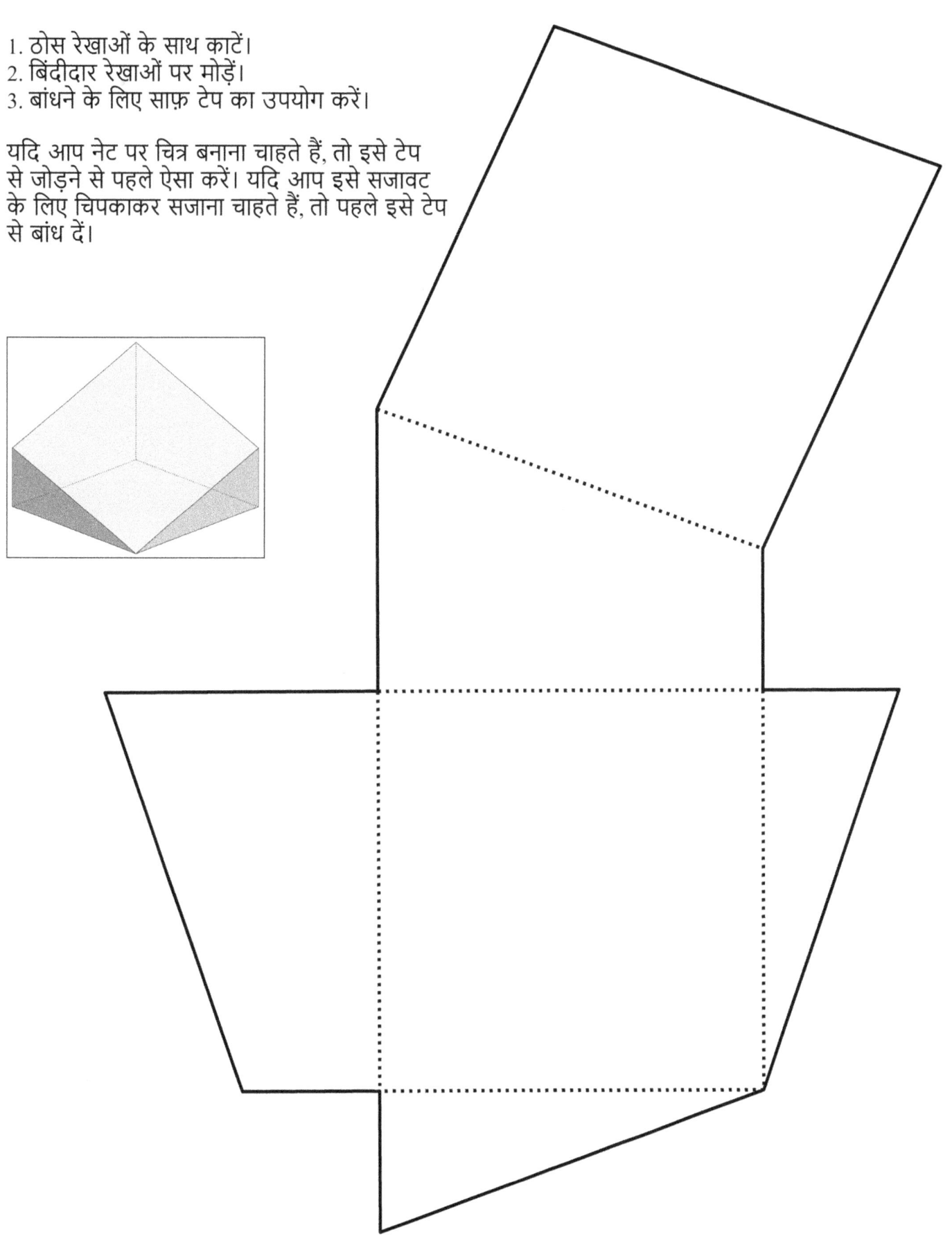

बहुफलकों के लिए जाल - प्रोजेक्ट बुक डेविड ई. मैकएडम्स द्वारा

षट्फलक 5,4,4,3,3,3

1. ठोस रेखाओं के साथ काटें।
2. बिंदीदार रेखाओं पर मोड़ें।
3. बांधने के लिए साफ़ टेप का उपयोग करें।

यदि आप नेट पर चित्र बनाना चाहते हैं, तो इसे टेप से जोड़ने से पहले ऐसा करें। यदि आप इसे सजावट के लिए चिपकाकर सजाना चाहते हैं, तो पहले इसे टेप से बांध दें।

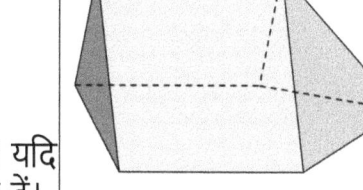

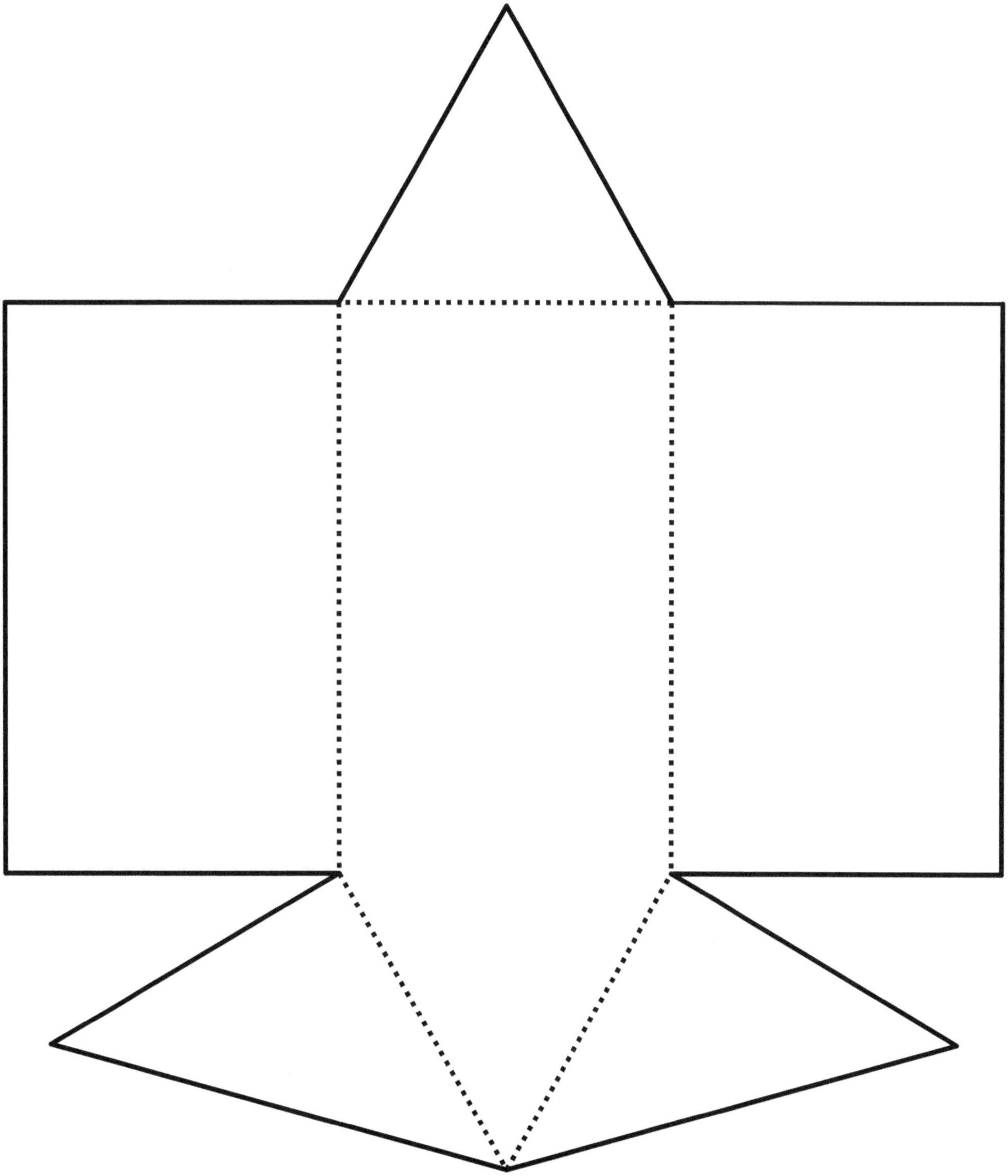

बहुफलकों के लिए जाल - प्रोजेक्ट बुक डेविड ई. मैकएडम्स द्वारा

कॉपीराइट 2024. केवल आकस्मिक, गैर-वाणिज्यिक शैक्षिक उपयोग के लिए कॉपी किया जा सकता है। अधिक जानकारी के लिए कॉपीराइट नोटिस देखें।

षट्फलक 5,5,4,4,3,3

1. ठोस रेखाओं के साथ काटें।
2. बिंदीदार रेखाओं पर मोड़ें।
3. बांधने के लिए साफ़ टेप का उपयोग करें।

यदि आप नेट पर चित्र बनाना चाहते हैं, तो इसे टेप से जोड़ने से पहले ऐसा करें। यदि आप इसे सजावट के लिए चिपकाकर सजाना चाहते हैं, तो पहले इसे टेप से बांध दें।

बहुफलकों के लिए जाल - प्रोजेक्ट बुक डेविड ई. मैकएडम्स द्वारा

कॉपीराइट 2024. केवल आकस्मिक, गैर-वाणिज्यिक शैक्षिक उपयोग के लिए कॉपी किया जा सकता है। अधिक जानकारी के लिए कॉपीराइट नोटिस देखें।

नियमित इकोसाहेड्रोन

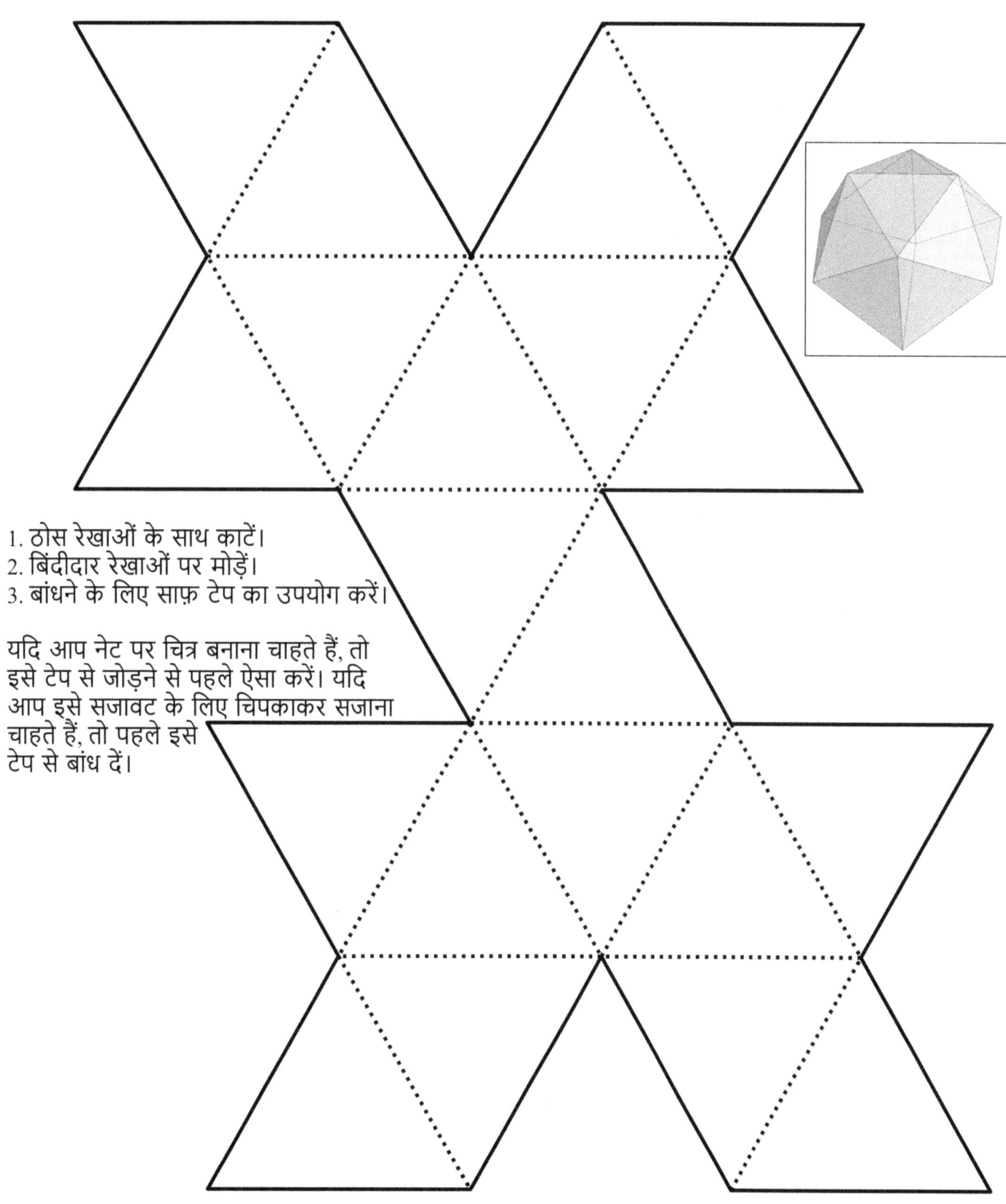

1. ठोस रेखाओं के साथ काटें।
2. बिंदीदार रेखाओं पर मोड़ें।
3. बांधने के लिए साफ़ टेप का उपयोग करें।

यदि आप नेट पर चित्र बनाना चाहते हैं, तो इसे टेप से जोड़ने से पहले ऐसा करें। यदि आप इसे सजावट के लिए चिपकाकर सजाना चाहते हैं, तो पहले इसे टेप से बांध दें।

इकोसिडोडेकाहेड्रॉन

1. ठोस रेखाओं के साथ काटें।
2. बिंदीदार रेखाओं पर मोड़ें।
3. बांधने के लिए साफ़ टेप का उपयोग करें।

यदि आप नेट पर चित्र बनाना चाहते हैं, तो इसे टेप से जोड़ने से पहले ऐसा करें। यदि आप इसे सजावट के लिए चिपकाकर सजाना चाहते हैं, तो पहले इसे टेप से बांध दें।

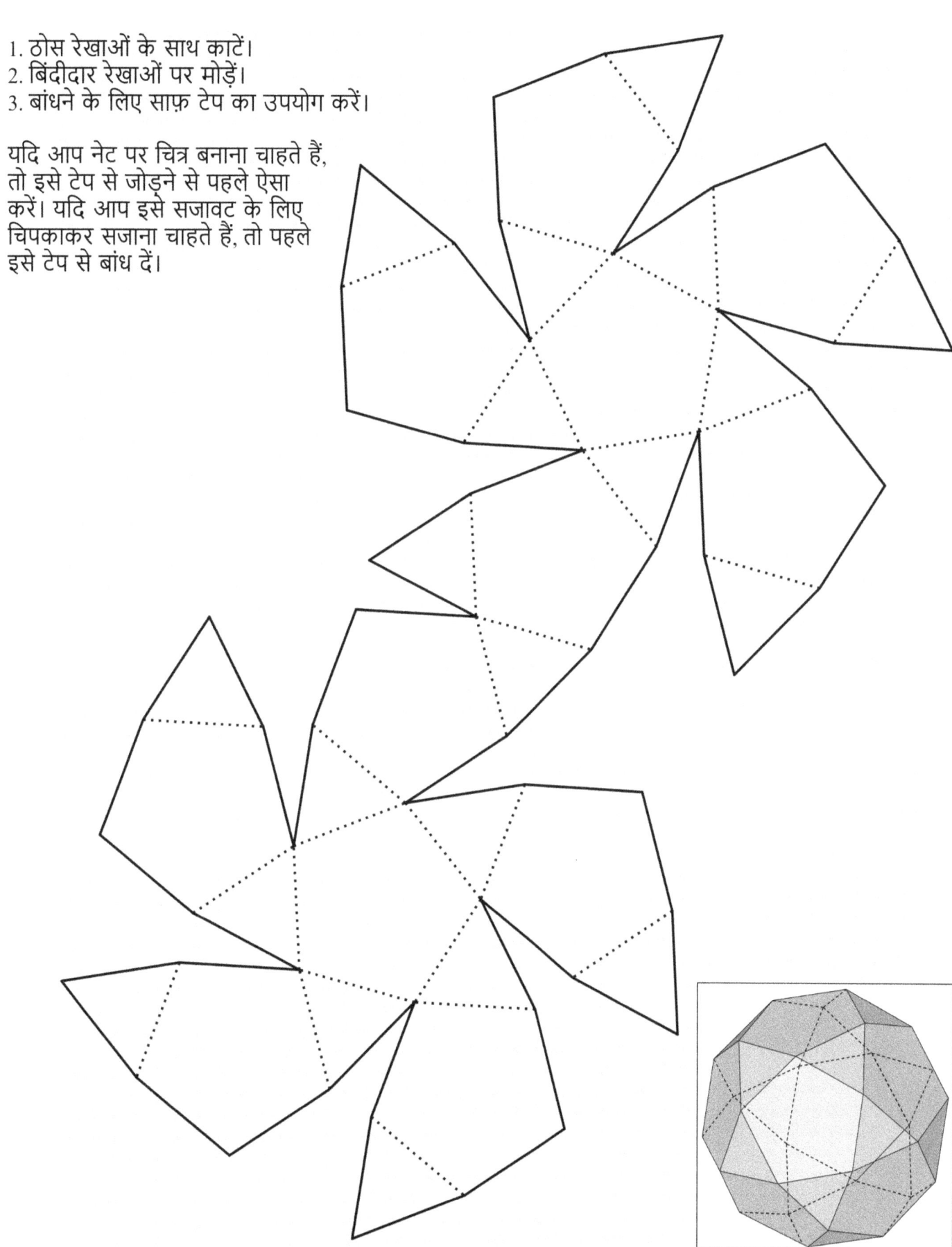

बहुफलकों के लिए जाल - प्रोजेक्ट बुक डेविड ई. मैकएडम्स द्वारा

तिर्यक वर्ग पिरामिड

1. ठोस रेखाओं के साथ काटें।
2. बिंदीदार रेखाओं पर मोड़ें।
3. बांधने के लिए साफ़ टेप का उपयोग करें।

यदि आप नेट पर चित्र बनाना चाहते हैं, तो इसे टेप से जोड़ने से पहले ऐसा करें। यदि आप इसे सजावट के लिए चिपकाकर सजाना चाहते हैं, तो पहले इसे टेप से बांध दें।

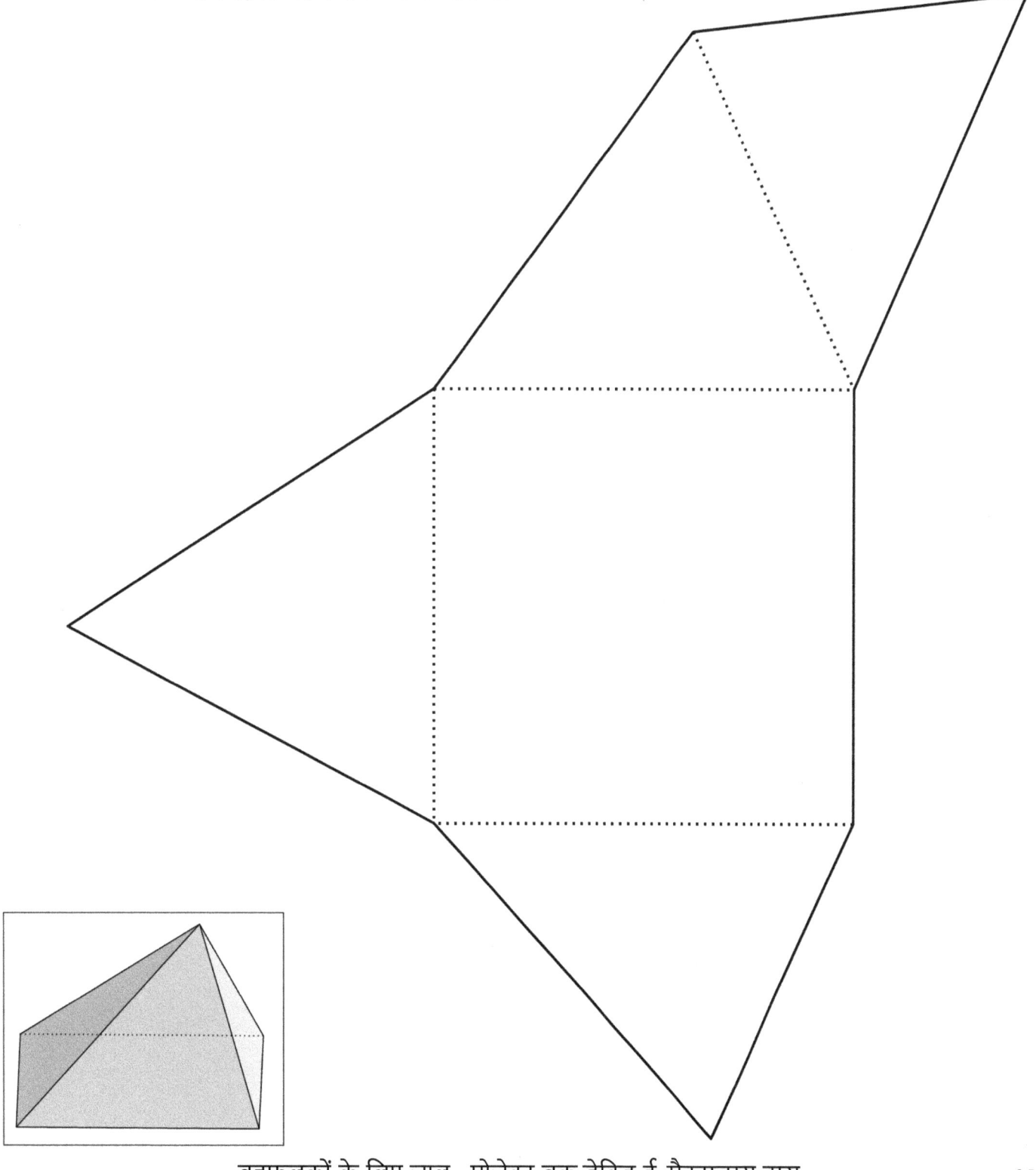

अष्टकोणीय एंटीप्रिज्म

1. ठोस रेखाओं के साथ काटें।
2. बिंदीदार रेखाओं पर मोड़ें।
3. बांधने के लिए साफ़ टेप का उपयोग करें।

यदि आप नेट पर चित्र बनाना चाहते हैं, तो इसे टेप से जोड़ने से पहले ऐसा करें। यदि आप इसे सजावट के लिए चिपकाकर सजाना चाहते हैं, तो पहले इसे टेप से बांध दें।

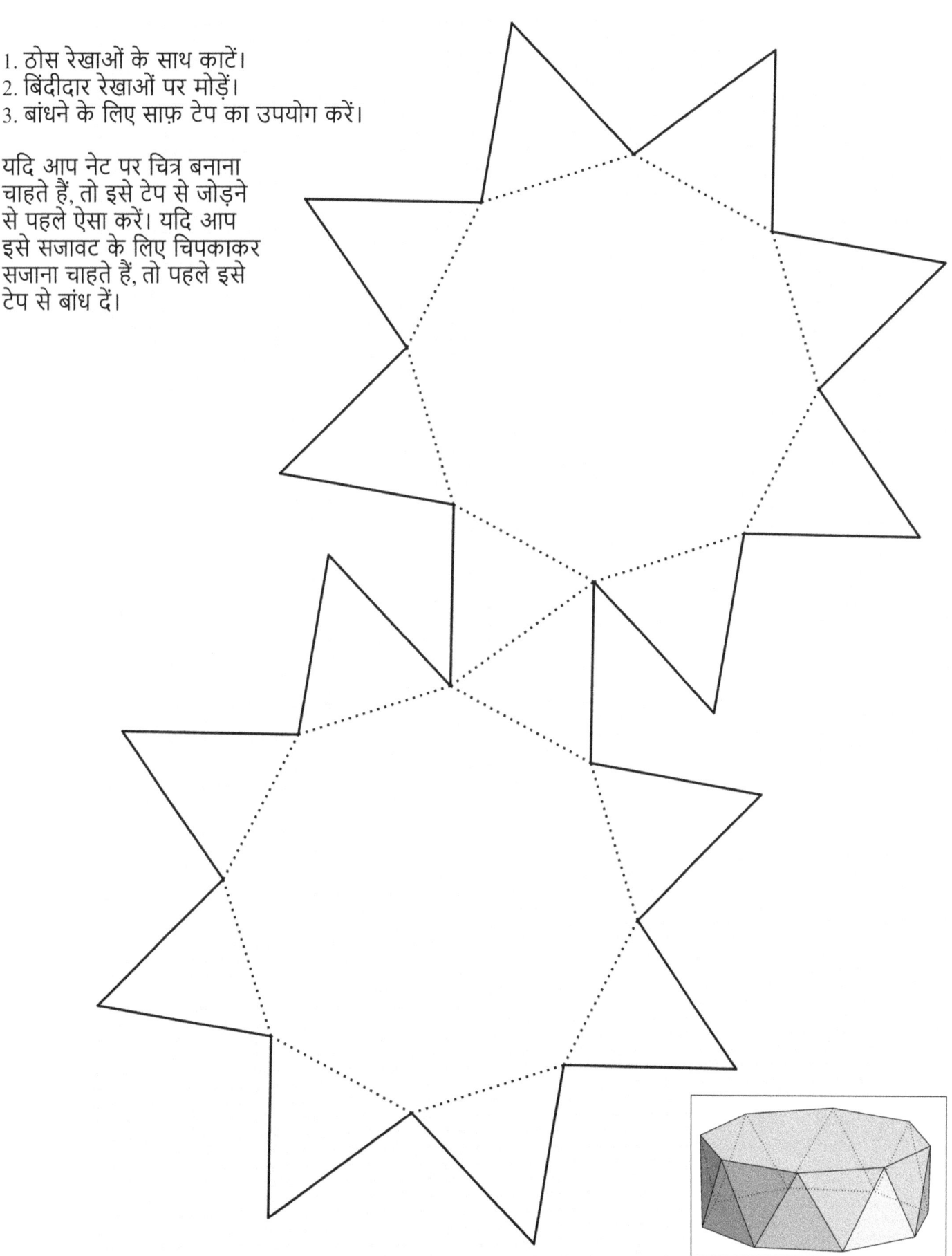

बहुफलकों के लिए जाल - प्रोजेक्ट बुक डेविड ई. मैकएडम्स द्वारा

कॉपीराइट 2024. केवल आकस्मिक, गैर-वाणिज्यिक शैक्षिक उपयोग के लिए कॉपी किया जा सकता है। अधिक जानकारी के लिए कॉपीराइट नोटिस देखें।

नियमित अष्टफलक

1. ठोस रेखाओं के साथ काटें।
2. बिंदीदार रेखाओं पर मोड़ें।
3. बांधने के लिए साफ़ टेप का उपयोग करें।

यदि आप नेट पर चित्र बनाना चाहते हैं, तो इसे टेप से जोड़ने से पहले ऐसा करें। यदि आप इसे सजावट के लिए चिपकाकर सजाना चाहते हैं, तो पहले इसे टेप से बांध दें।

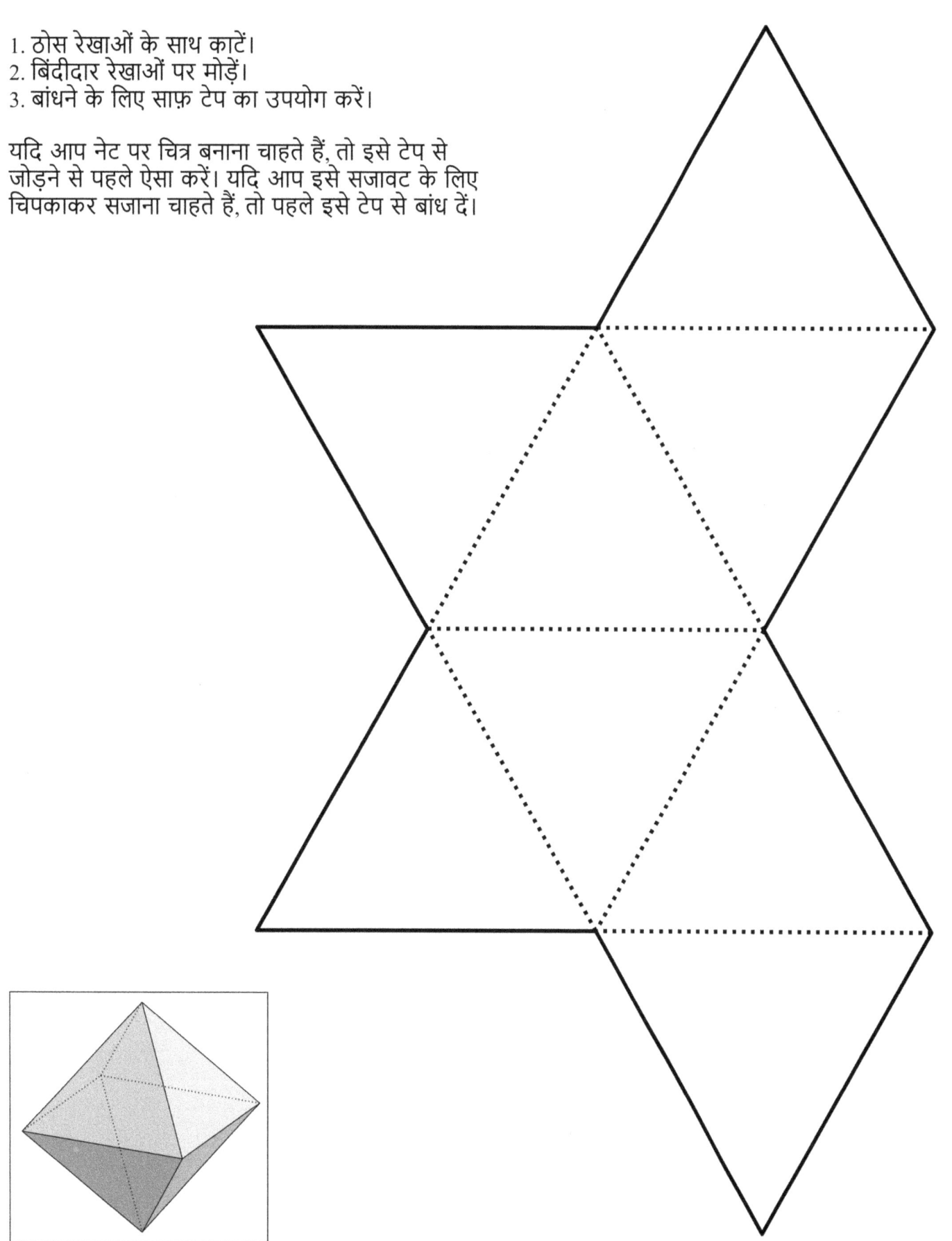

बहुफलकों के लिए जाल - प्रोजेक्ट बुक डेविड ई. मैकएडम्स द्वारा

कॉपीराइट 2024. केवल आकस्मिक, गैर-वाणिज्यिक शैक्षिक उपयोग के लिए कॉपी किया जा सकता है। अधिक जानकारी के लिए कॉपीराइट नोटिस देखें।

पेंटागोनल एंटीप्रिज्म

1. ठोस रेखाओं के साथ काटें।
2. बिंदीदार रेखाओं पर मोड़ें।
3. बांधने के लिए साफ़ टेप का उपयोग करें।

यदि आप नेट पर चित्र बनाना चाहते हैं, तो इसे टेप से जोड़ने से पहले ऐसा करें। यदि आप इसे सजावट के लिए चिपकाकर सजाना चाहते हैं, तो पहले इसे टेप से बांध दें।

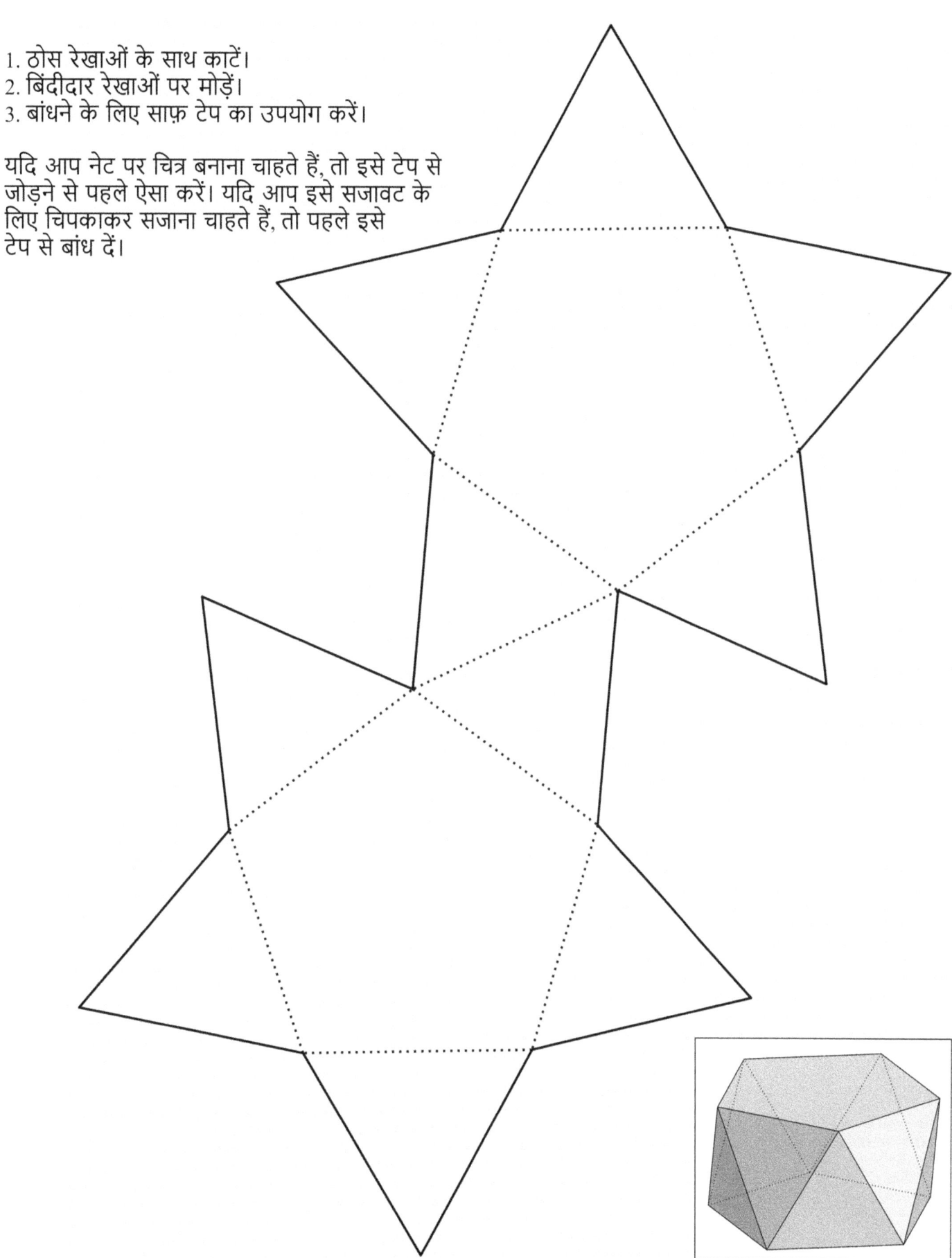

बहुफलकों के लिए जाल - प्रोजेक्ट बुक डेविड ई. मैकएडम्स द्वारा

कॉपीराइट 2024. केवल आकस्मिक, गैर-वाणिज्यिक शैक्षिक उपयोग के लिए कॉपी किया जा सकता है। अधिक जानकारी के लिए कॉपीराइट नोटिस देखें।

पंचकोणीय गुंबद

1. ठोस रेखाओं के साथ काटें।
2. बिंदीदार रेखाओं पर मोड़ें।
3. बांधने के लिए साफ़ टेप का उपयोग करें।

यदि आप नेट पर चित्र बनाना चाहते हैं, तो इसे टेप से जोड़ने से पहले ऐसा करें। यदि आप इसे सजावट के लिए चिपकाकर सजाना चाहते हैं, तो पहले इसे टेप से बांध दें।

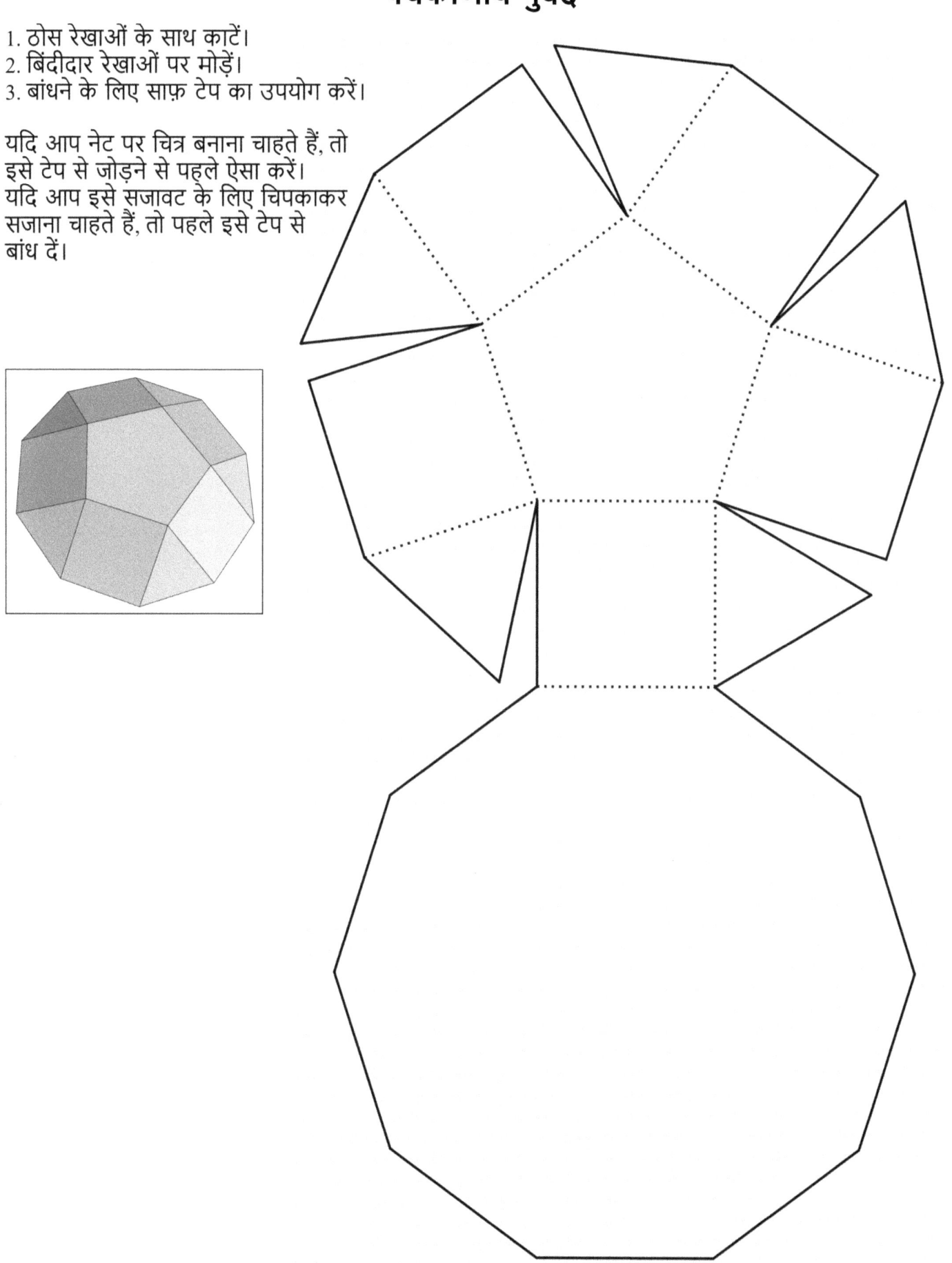

बहुफलकों के लिए जाल - प्रोजेक्ट बुक डेविड ई. मैकएडम्स द्वारा

कॉपीराइट 2024. केवल आकस्मिक, गैर-वाणिज्यिक शैक्षिक उपयोग के लिए कॉपी किया जा सकता है। अधिक जानकारी के लिए कॉपीराइट नोटिस देखें।

पंचकोणीय द्विपिरामिड

1. ठोस रेखाओं के साथ काटें।
2. बिंदीदार रेखाओं पर मोड़ें।
3. बांधने के लिए साफ़ टेप का उपयोग करें।

यदि आप नेट पर चित्र बनाना चाहते हैं, तो इसे टेप से जोड़ने से पहले ऐसा करें। यदि आप इसे सजावट के लिए चिपकाकर सजाना चाहते हैं, तो पहले इसे टेप से बांध दें।

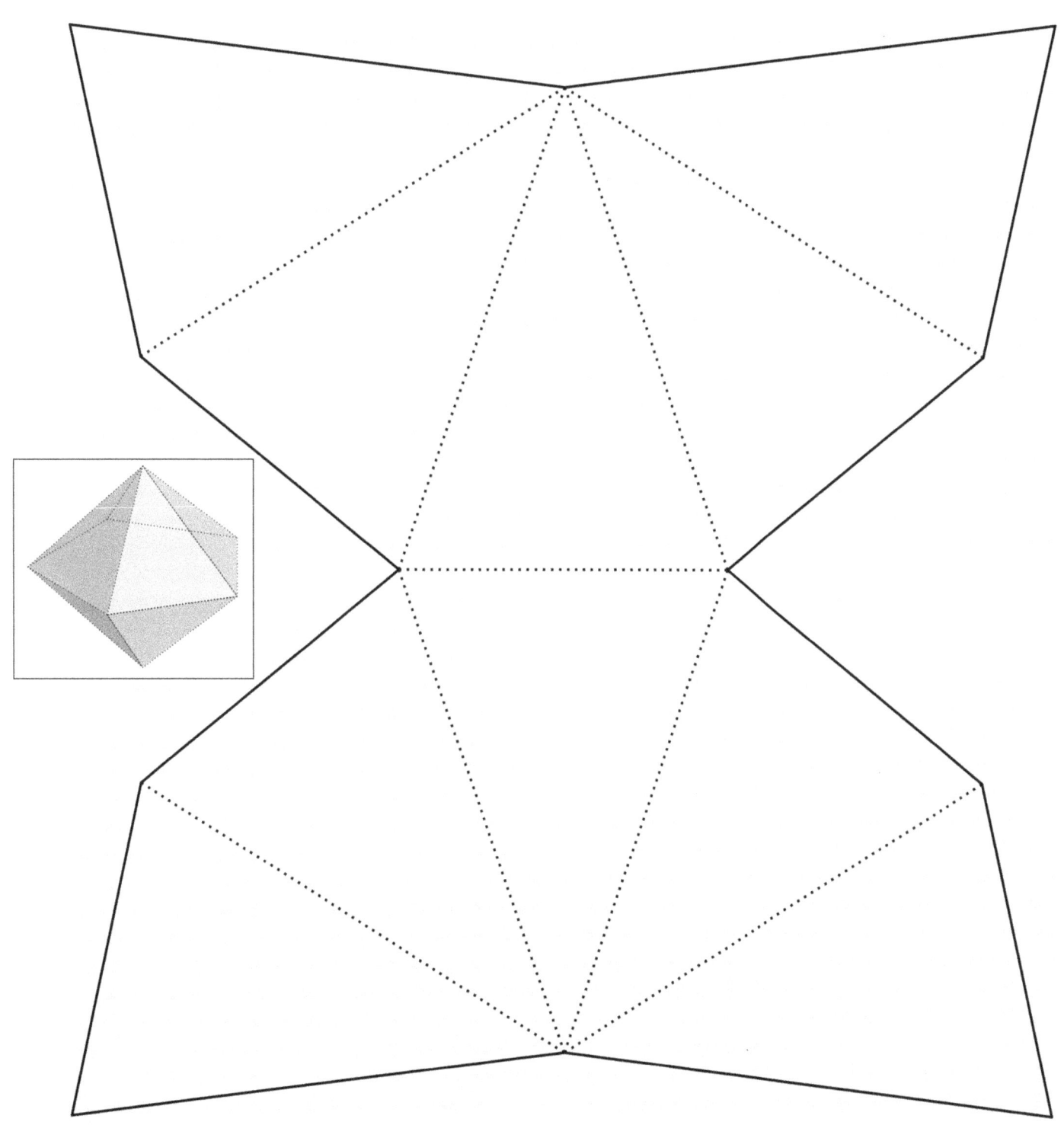

बहुफलकों के लिए जाल - प्रोजेक्ट बुक डेविड ई. मैकएडम्स द्वारा

कॉपीराइट 2024. केवल आकस्मिक, गैर-वाणिज्यिक शैक्षिक उपयोग के लिए कॉपी किया जा सकता है। अधिक जानकारी के लिए कॉपीराइट नोटिस देखें।

पंचकोणीय प्रिज्म

1. ठोस रेखाओं के साथ काटें।
2. बिंदीदार रेखाओं पर मोड़ें।
3. बांधने के लिए साफ़ टेप का उपयोग करें।

यदि आप नेट पर चित्र बनाना चाहते हैं, तो इसे टेप से जोड़ने से पहले ऐसा करें। यदि आप इसे सजावट के लिए चिपकाकर सजाना चाहते हैं, तो पहले इसे टेप से बांध दें।

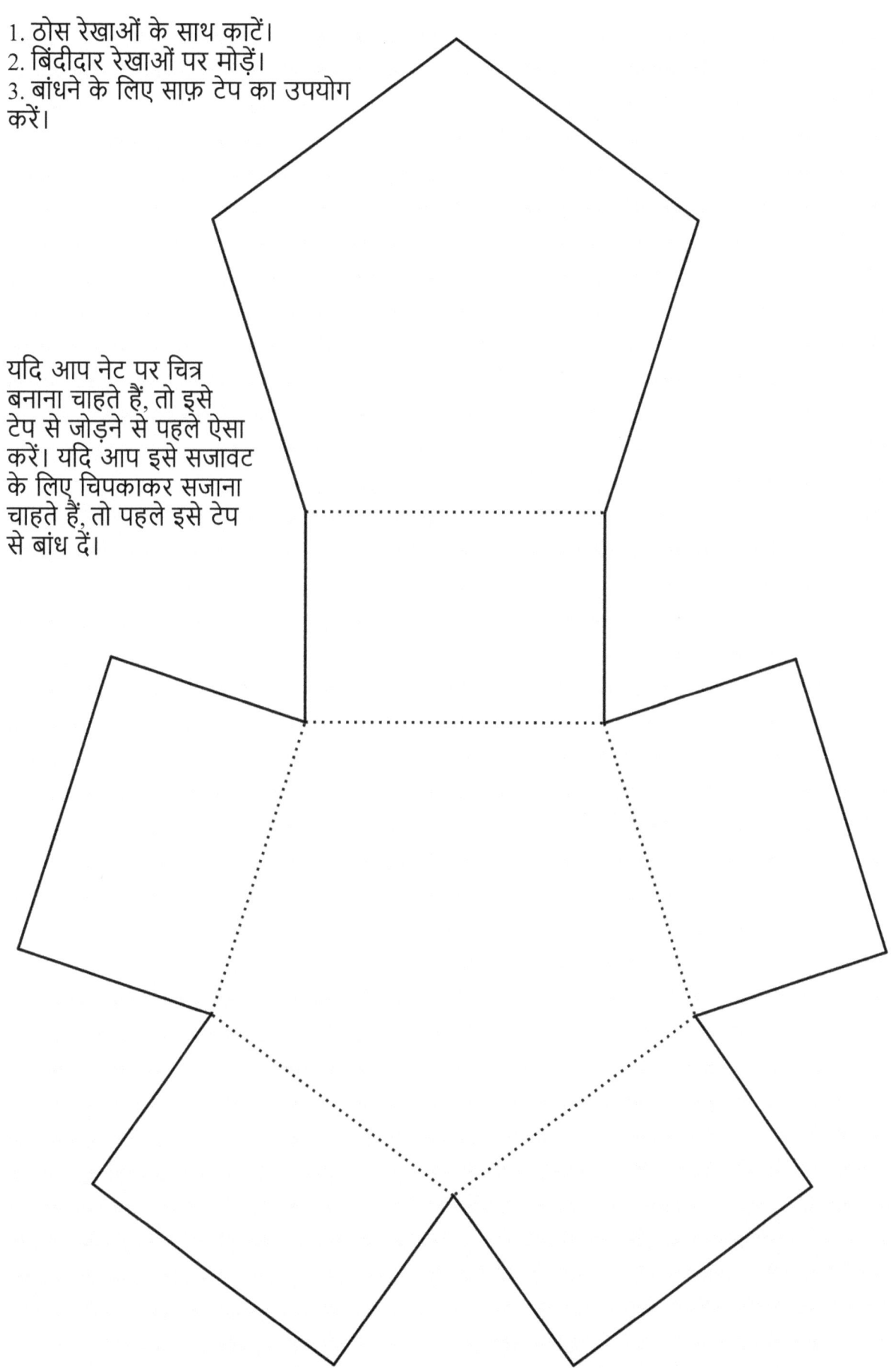

बहुफलकों के लिए जाल - प्रोजेक्ट बुक डेविड ई. मैकएडम्स द्वारा

पंचकोणीय पिरामिड

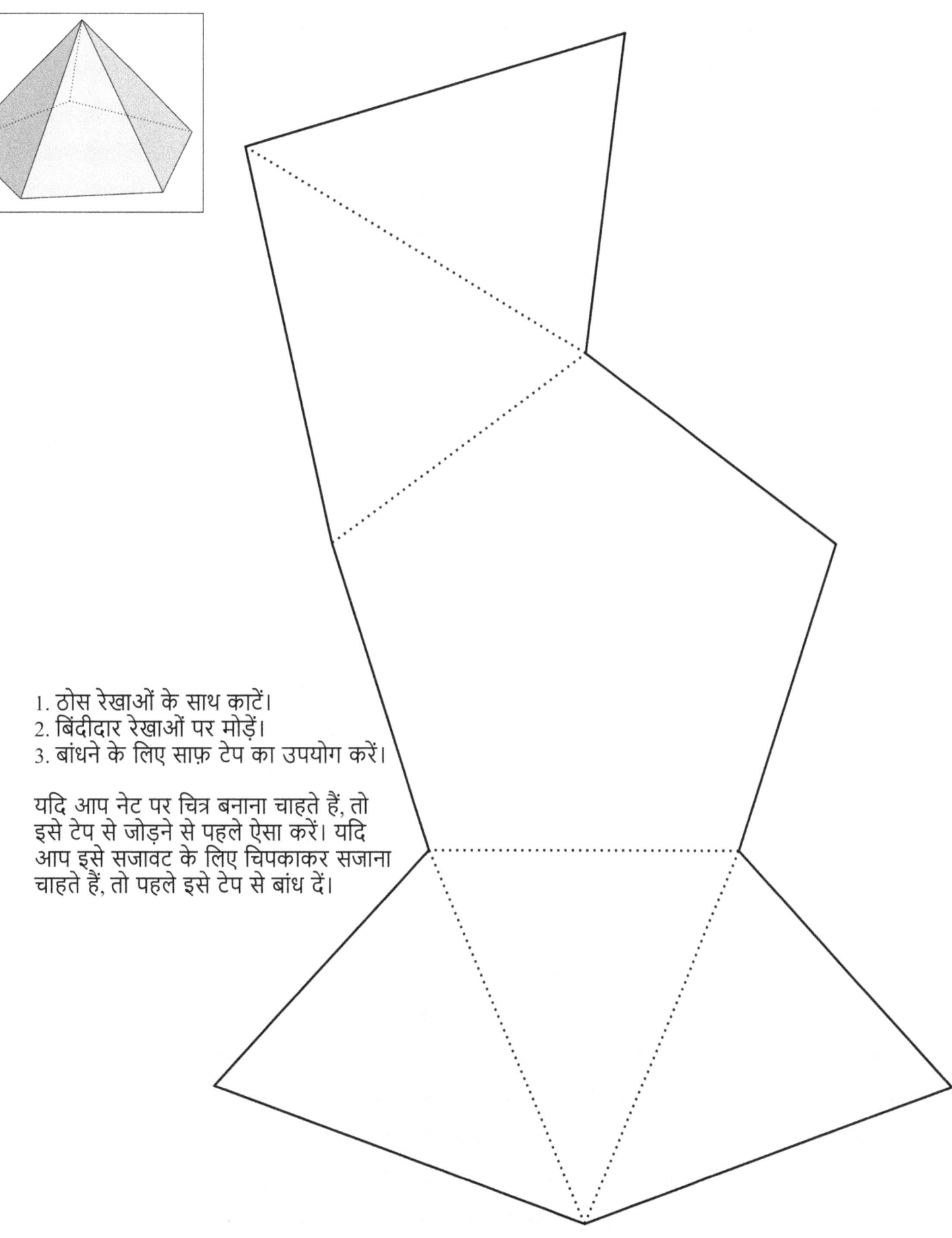

1. ठोस रेखाओं के साथ काटें।
2. बिंदीदार रेखाओं पर मोड़ें।
3. बांधने के लिए साफ़ टेप का उपयोग करें।

यदि आप नेट पर चित्र बनाना चाहते हैं, तो इसे टेप से जोड़ने से पहले ऐसा करें। यदि आप इसे सजावट के लिए चिपकाकर सजाना चाहते हैं, तो पहले इसे टेप से बांध दें।

बहुफलकों के लिए जाल - प्रोजेक्ट बुक डेविड ई. मैकएडम्स द्वारा
कॉपीराइट 2024. केवल आकस्मिक, गैर-वाणिज्यिक शैक्षिक उपयोग के लिए कॉपी किया जा सकता है। अधिक जानकारी के लिए कॉपीराइट नोटिस देखें।

पंचकोणीय रोटंडा

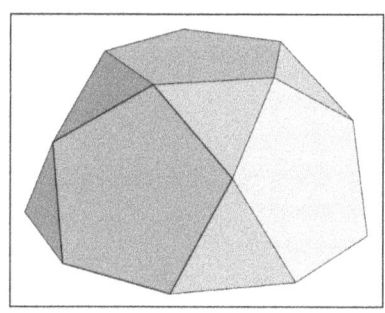

1. ठोस रेखाओं के साथ काटें।
2. बिंदीदार रेखाओं पर मोड़ें।
3. बांधने के लिए साफ़ टेप का उपयोग करें।

यदि आप नेट पर चित्र बनाना चाहते हैं, तो इसे टेप से जोड़ने से पहले ऐसा करें। यदि आप इसे सजावट के लिए चिपकाकर सजाना चाहते हैं, तो पहले इसे टेप से बांध दें।

बहुफलकों के लिए जाल - प्रोजेक्ट बुक डेविड ई. मैकएडम्स द्वारा

पेंटाग्रामिक प्रिज्म

1. ठोस रेखाओं के साथ काटें।
2. बिंदीदार रेखाओं पर मोड़ें।
3. बांधने के लिए साफ़ टेप का उपयोग करें।

यदि आप नेट पर चित्र बनाना चाहते हैं, तो इसे टेप से जोड़ने से पहले ऐसा करें। यदि आप इसे सजावट के लिए चिपकाकर सजाना चाहते हैं, तो पहले इसे टेप से बांध दें।

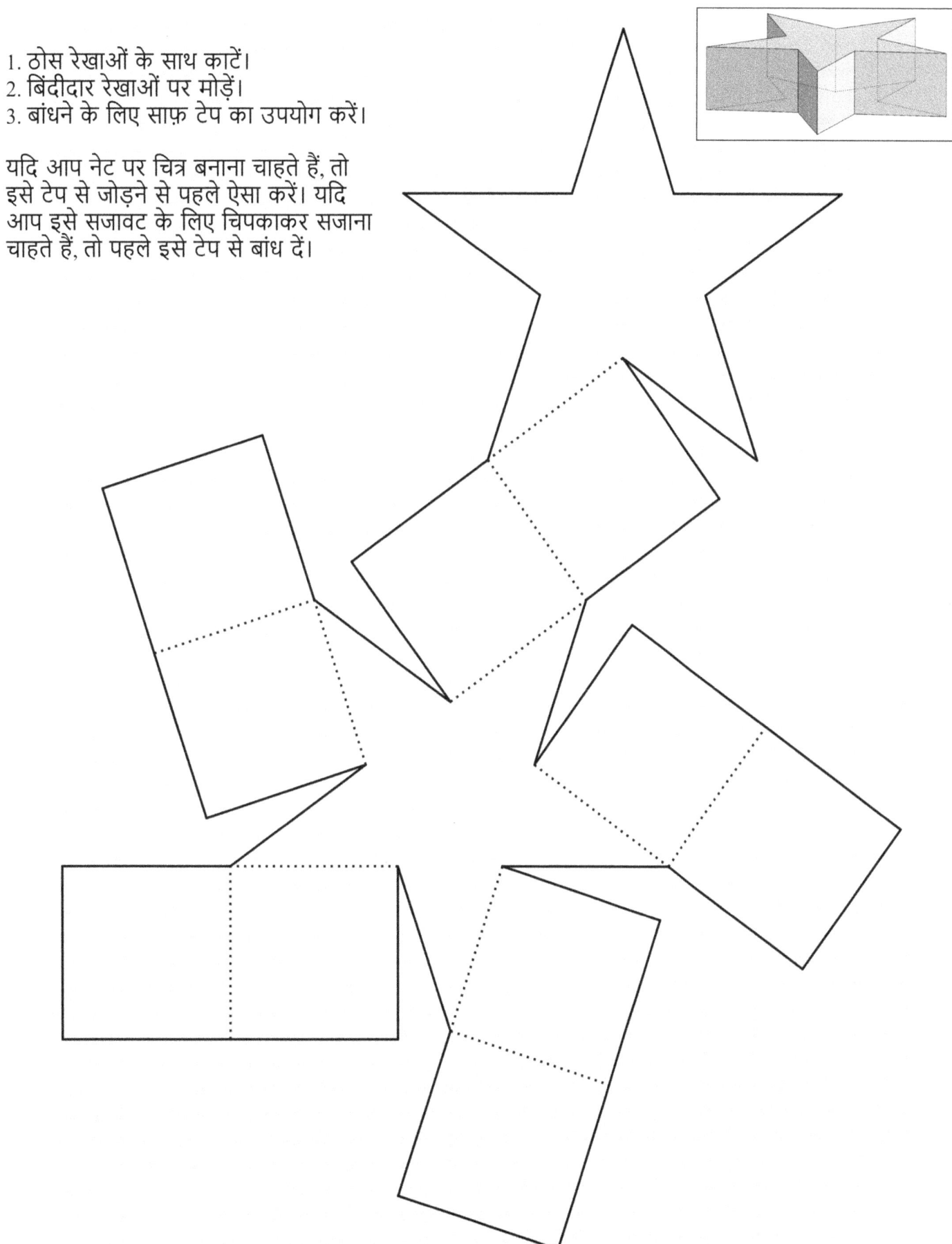

बहुफलकों के लिए जाल - प्रोजेक्ट बुक डेविड ई. मैकएडम्स द्वारा
कॉपीराइट 2024. केवल आकस्मिक, गैर-वाणिज्यिक शैक्षिक उपयोग के लिए कॉपी किया जा सकता है। अधिक जानकारी के लिए कॉपीराइट नोटिस देखें।

आयताकार पिरामिड

1. ठोस रेखाओं के साथ काटें।
2. बिंदीदार रेखाओं पर मोड़ें।
3. बांधने के लिए साफ़ टेप का उपयोग करें।

यदि आप नेट पर चित्र बनाना चाहते हैं, तो इसे टेप से जोड़ने से पहले ऐसा करें। यदि आप इसे सजावट के लिए चिपकाकर सजाना चाहते हैं, तो पहले इसे टेप से बांध दें।

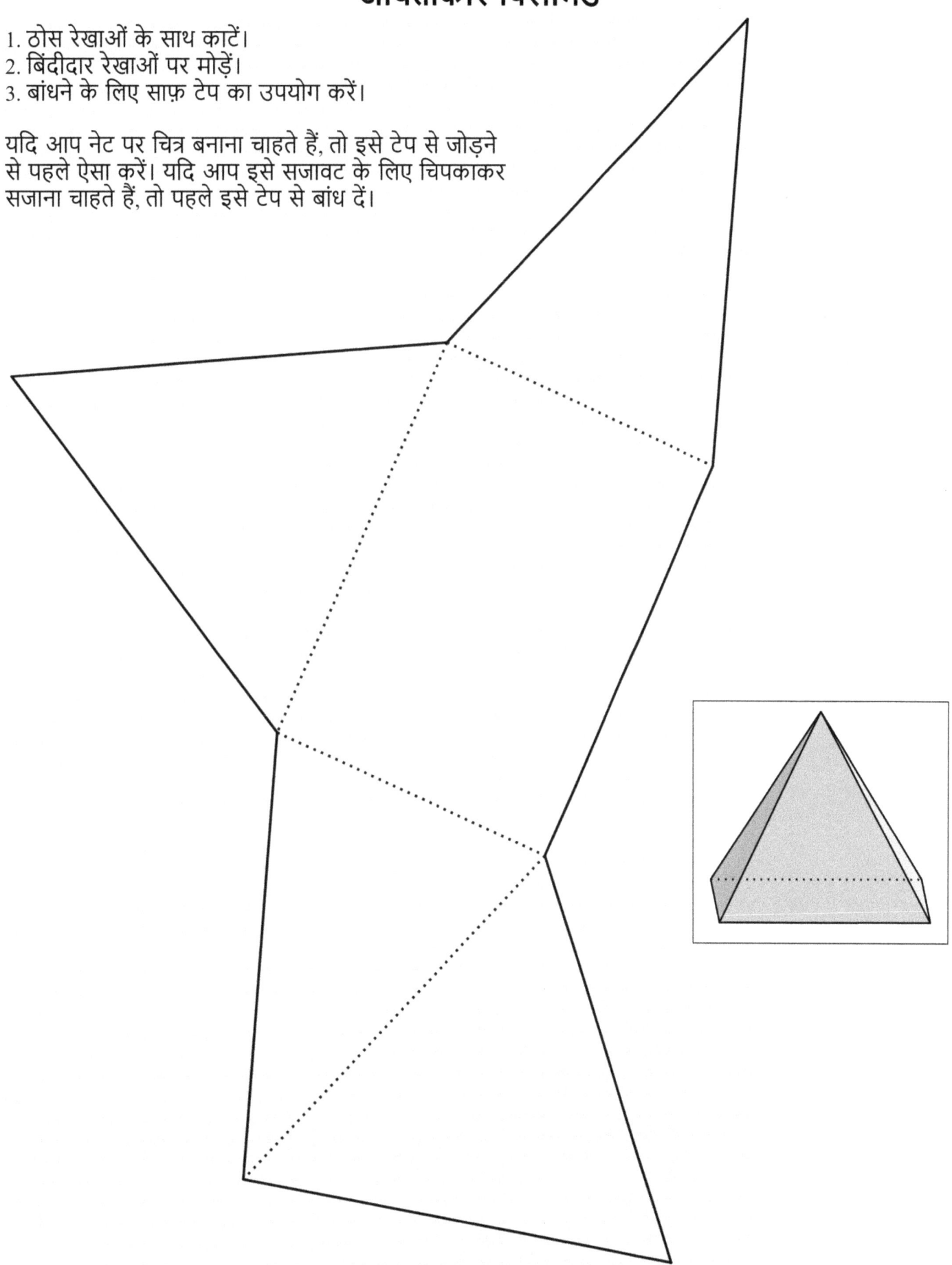

बहुफलकों के लिए जाल - प्रोजेक्ट बुक डेविड ई. मैकएडम्स द्वारा

कॉपीराइट 2024. केवल आकस्मिक, गैर-वाणिज्यिक शैक्षिक उपयोग के लिए कॉपी किया जा सकता है। अधिक जानकारी के लिए कॉपीराइट नोटिस देखें।

रम्बिक प्रिज्म

1. ठोस रेखाओं के साथ काटें।
2. बिंदीदार रेखाओं पर मोड़ें।
3. बांधने के लिए साफ़ टेप का उपयोग करें।

यदि आप नेट पर चित्र बनाना चाहते हैं, तो इसे टेप से जोड़ने से पहले ऐसा करें। यदि आप इसे सजावट के लिए चिपकाकर सजाना चाहते हैं, तो पहले इसे टेप से बांध दें।

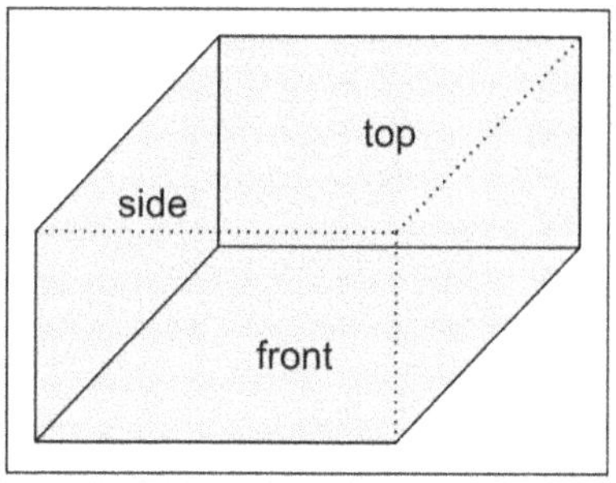

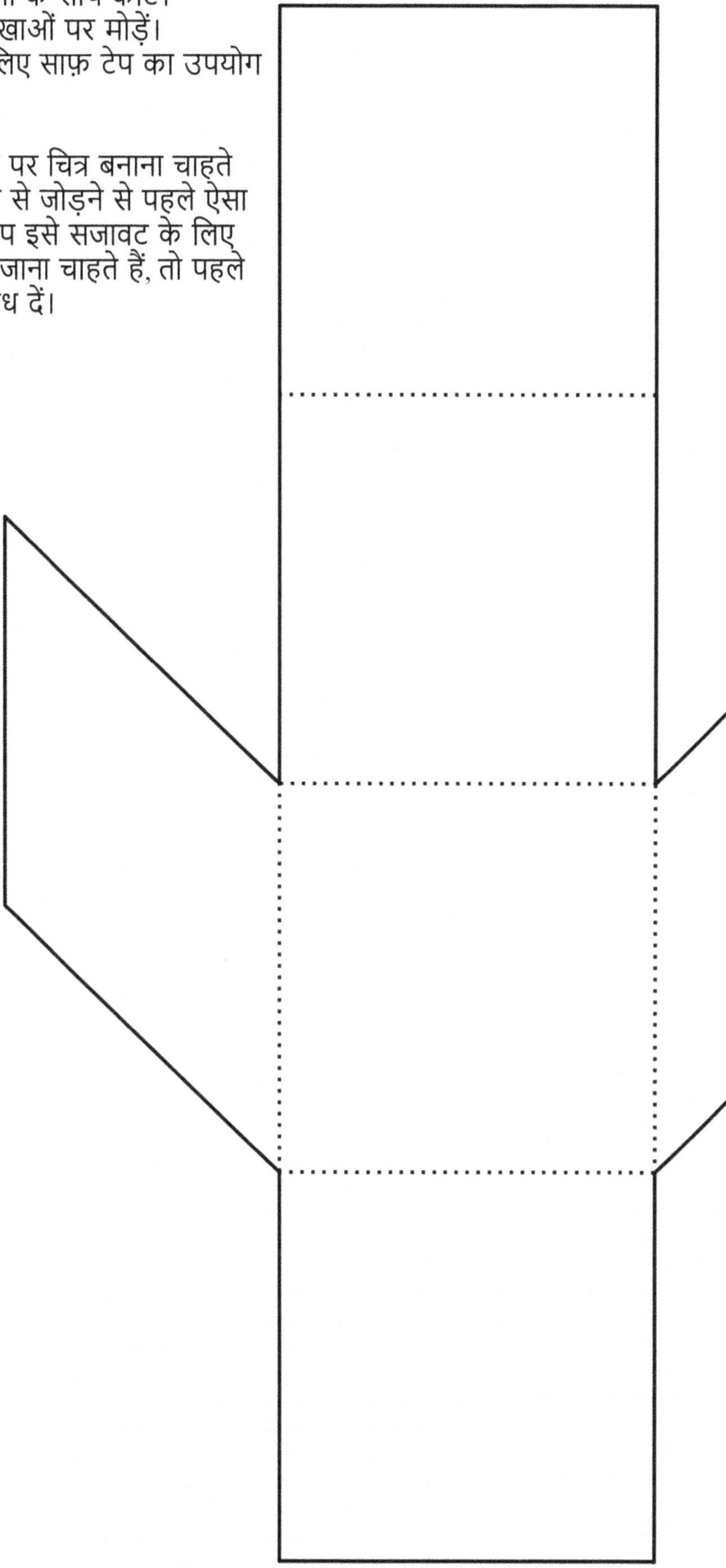

बहुफलकों के लिए जाल - प्रोजेक्ट बुक डेविड ई. मैकएडम्स द्वारा

कॉपीराइट 2024. केवल आकस्मिक, गैर-वाणिज्यिक शैक्षिक उपयोग के लिए कॉपी किया जा सकता है। अधिक जानकारी के लिए कॉपीराइट नोटिस देखें।

रोम्बिकुबोक्टाहेड्रोन

1. ठोस रेखाओं के साथ काटें।
2. बिंदीदार रेखाओं पर मोड़ें।
3. बांधने के लिए साफ़ टेप का उपयोग करें।

यदि आप नेट पर चित्र बनाना चाहते हैं, तो इसे टेप से जोड़ने से पहले ऐसा करें। यदि आप इसे सजावट के लिए चिपकाकर सजाना चाहते हैं, तो पहले इसे टेप से बांध दें।

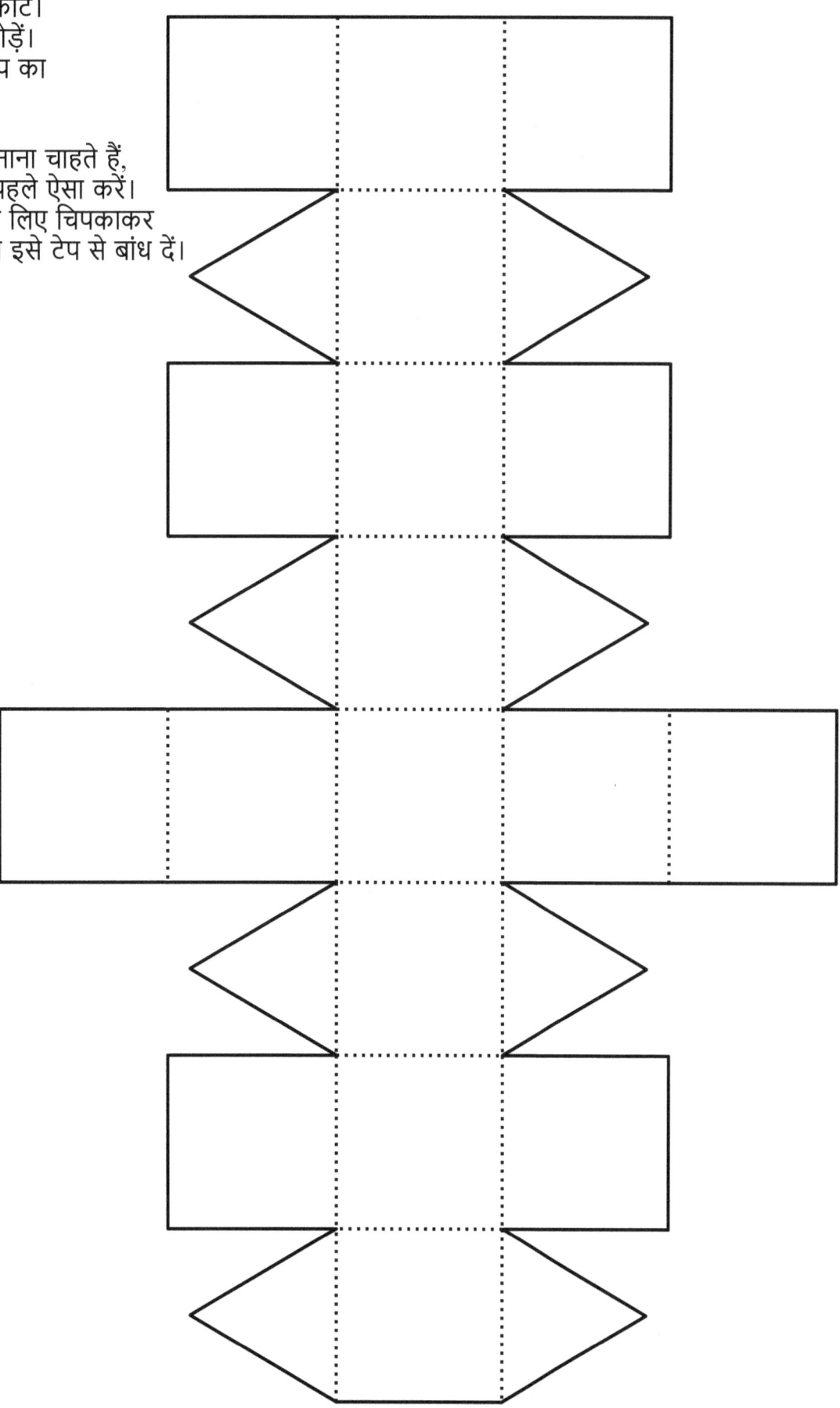

बहुफलकों के लिए जाल - प्रोजेक्ट बुक डेविड ई. मैकएडम्स द्वारा

लघु रंबिडोडेकाहेड्रॉन

1. यह दो भागों वाला जाल है। आधा इस पेज पर है और आधा अगले पेज पर।
2. दोनों भागों को ठोस रेखाओं के साथ काटें।
3. लेबल 'G' पर दोनों भागों को एक साथ टेप करें।
4. बिंदीदार रेखाओं पर मोड़ें।
5. बांधने के लिए स्पष्ट टेप का उपयोग करें।

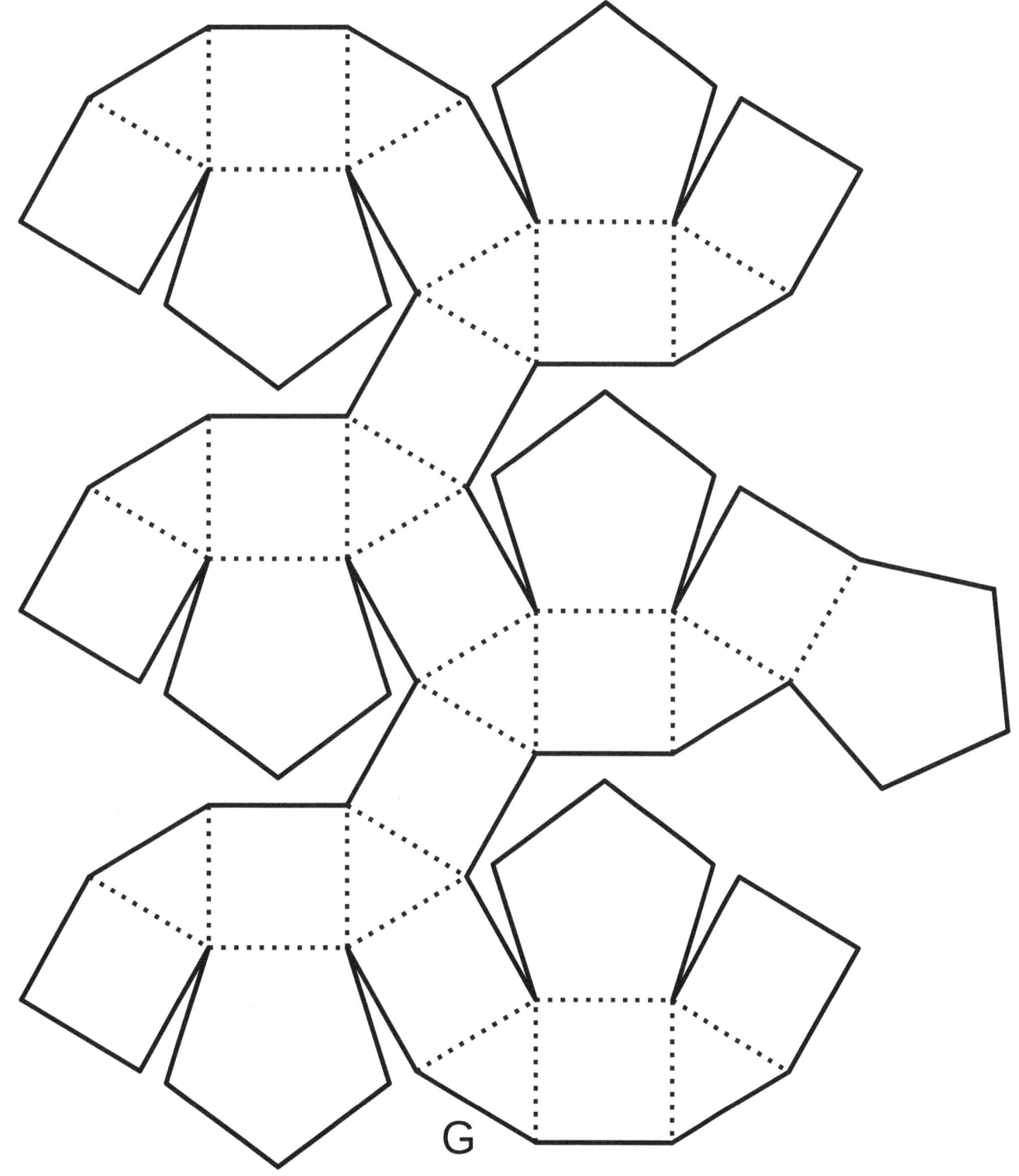

बहुफलकों के लिए जाल - प्रोजेक्ट बुक डेविड ई. मैकएडम्स द्वारा

यदि आप नेट पर चित्र बनाना चाहते हैं, तो इसे टेप से जोड़ने से पहले ऐसा करें। यदि आप इसे सजावट के लिए चिपकाकर सजाना चाहते हैं, तो पहले इसे टेप से बांध दें।

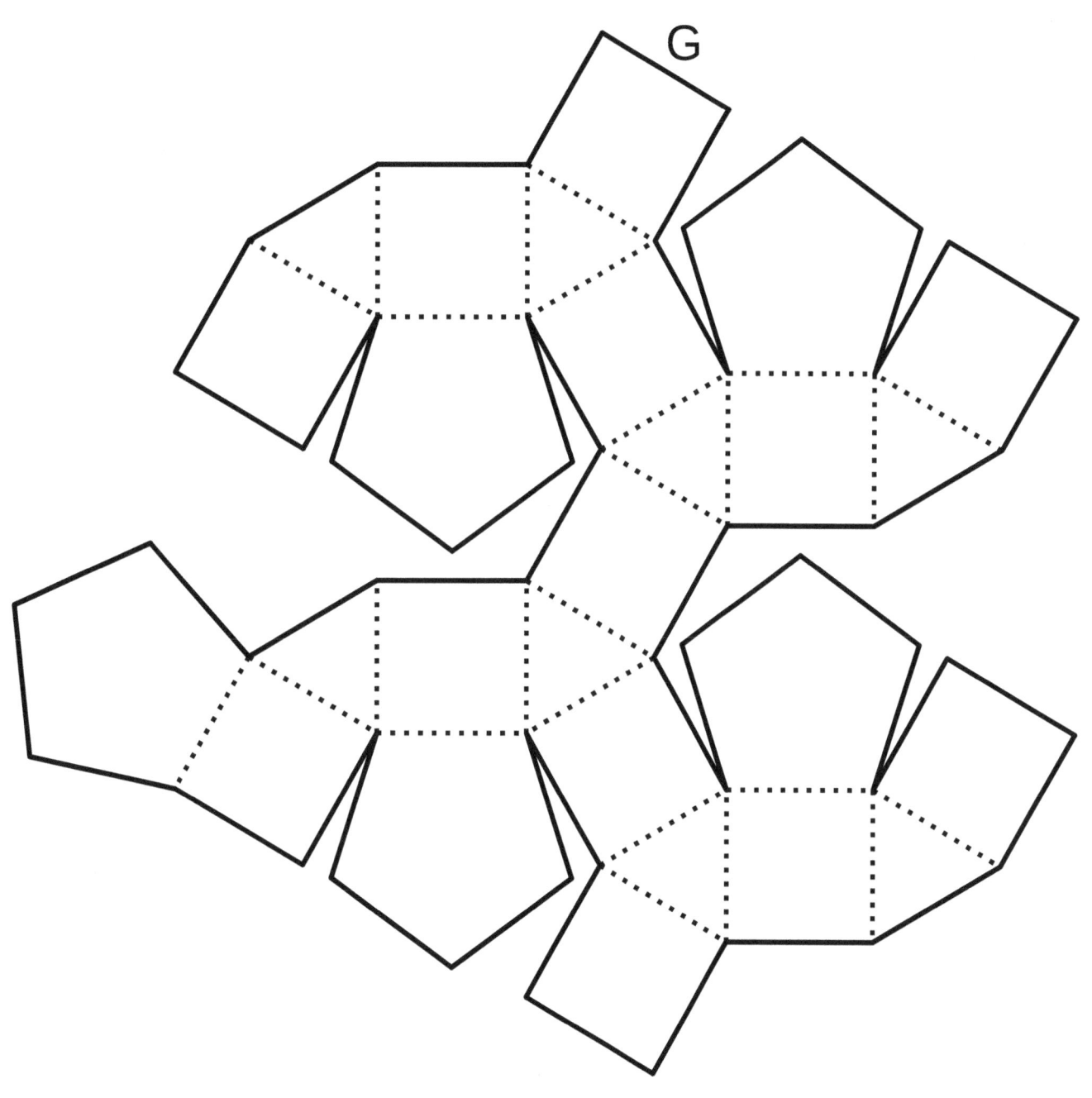

लघु ताराकार द्वादशफ़लक

1. यह दो भागों वाला जाल है। आधा इस पेज पर है और आधा अगले पेज पर।
2. दोनों भागों को ठोस रेखाओं के साथ काटें।
3. लेबल 'A' पर दोनों भागों को एक साथ टेप करें।
4. बिंदीदार रेखाओं पर मोड़ें।
5. धराशायी रेखा पर पीछे की ओर मोड़ें।
6. बांधने के लिए स्पष्ट टेप का उपयोग करें।

यदि आप नेट पर चित्र बनाना चाहते हैं, तो इसे टेप से जोड़ने से पहले ऐसा करें। यदि आप इसे सजावट के लिए चिपकाकर सजाना चाहते हैं, तो पहले इसे टेप से बांध दें।

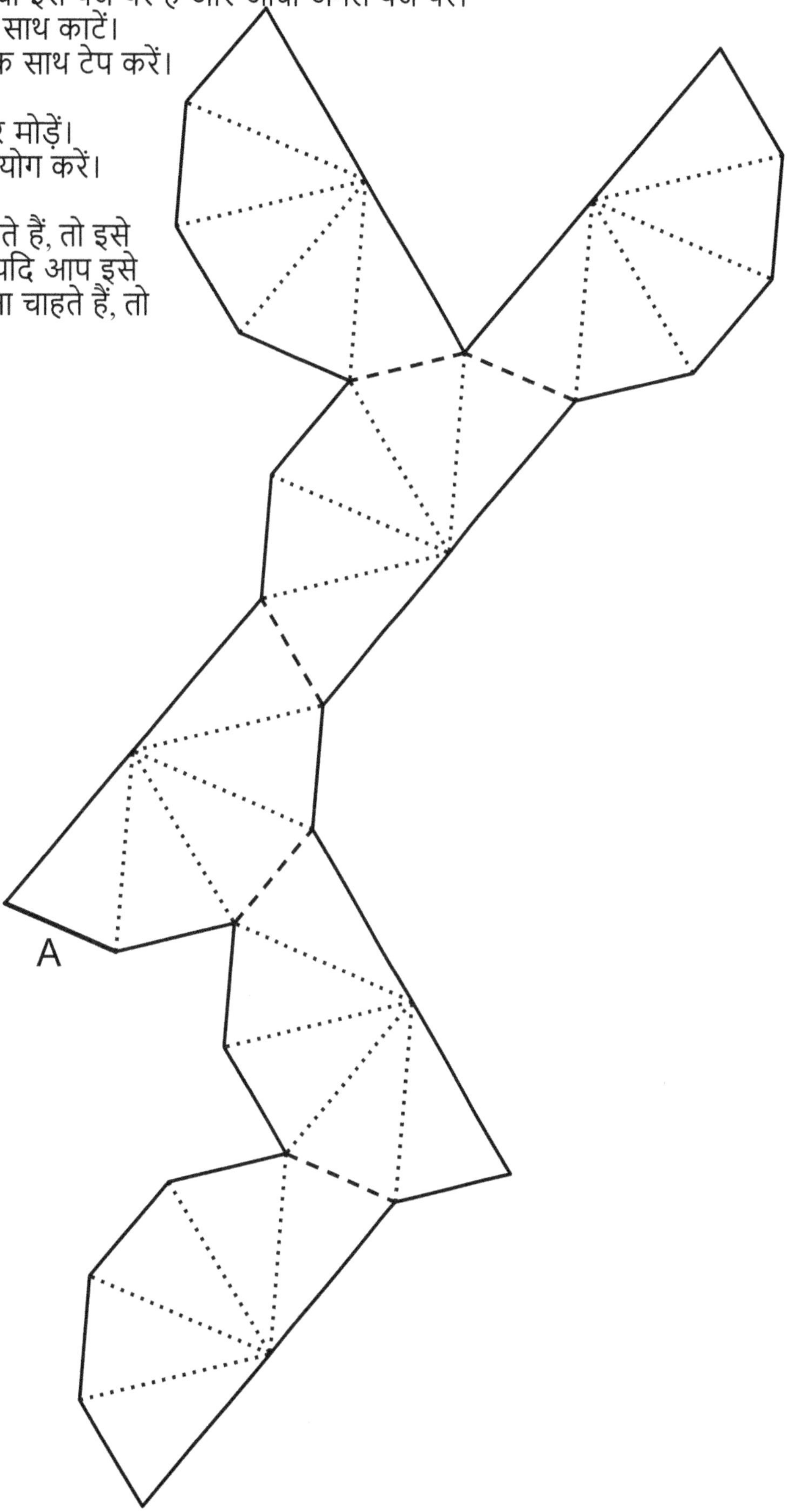

A

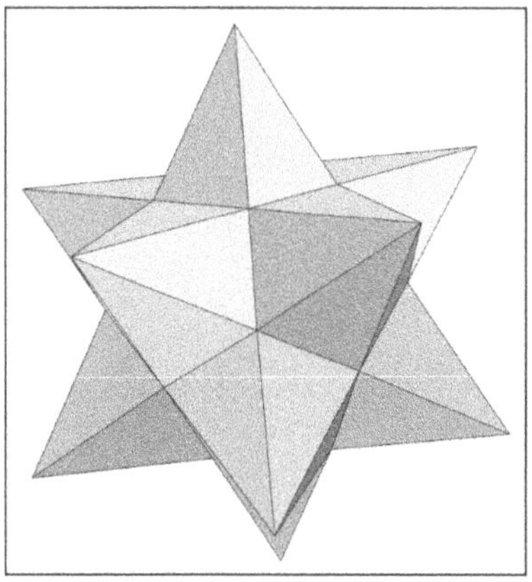

बहुफलकों के लिए जाल - प्रोजेक्ट बुक डेविड ई. मैकएडम्स द्वारा

कॉपीराइट 2024. केवल आकस्मिक, गैर-वाणिज्यिक शैक्षिक उपयोग के लिए कॉपी किया जा सकता है। अधिक जानकारी के लिए कॉपीराइट नोटिस देखें।

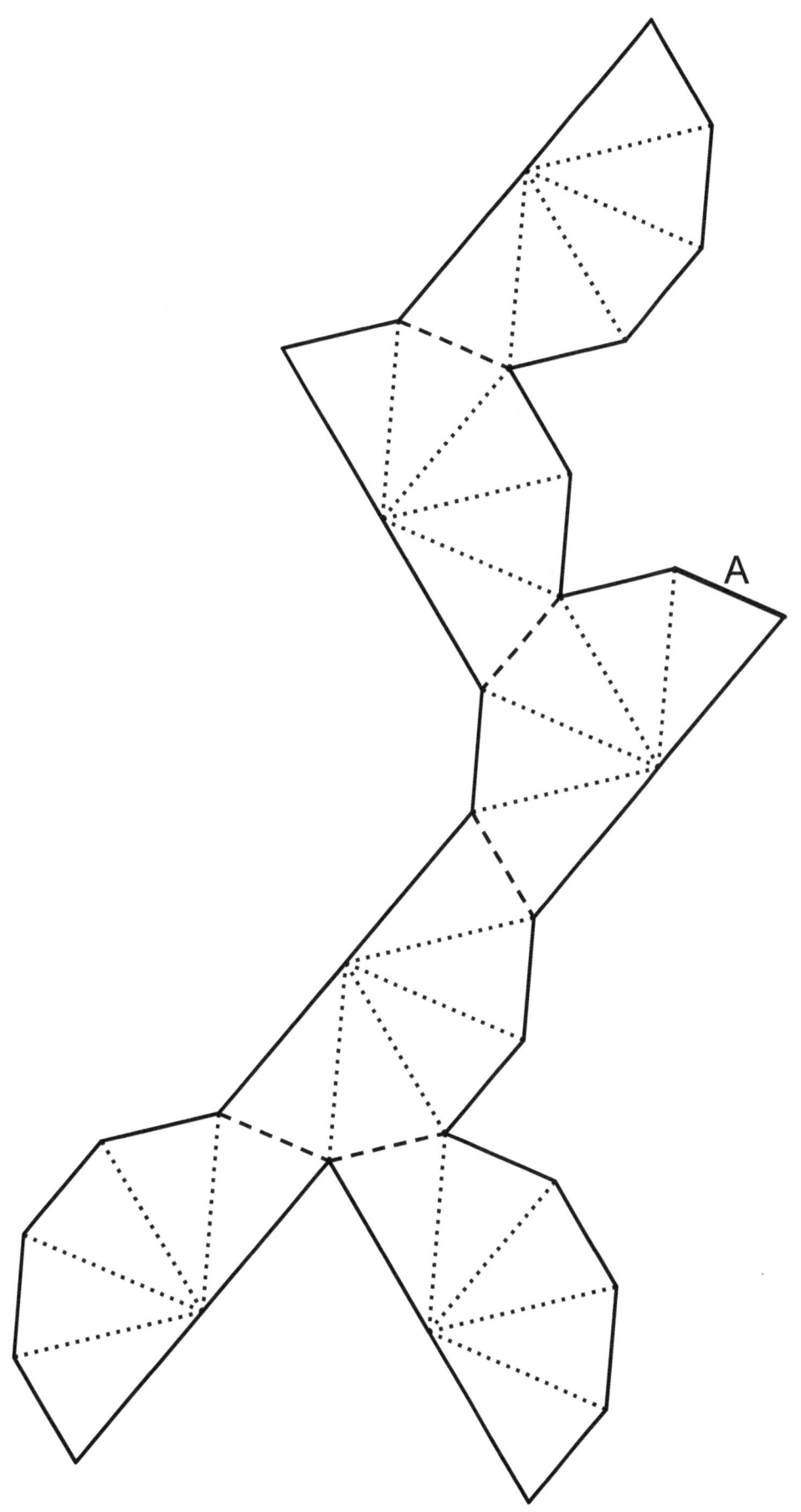

बहुफलकों के लिए जाल - प्रोजेक्ट बुक डेविड ई. मैकएडम्स द्वारा
कॉपीराइट 2024. केवल आकस्मिक, गैर-वाणिज्यिक शैक्षिक उपयोग के लिए कॉपी किया जा सकता है। अधिक जानकारी के लिए कॉपीराइट नोटिस देखें।

स्नब क्यूब

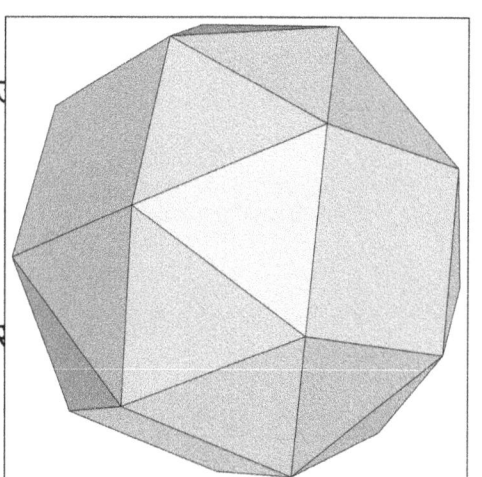

1. यह दो भागों वाला जाल है। आधा इस पेज पर है और आधा अगले पेज
2. दोनों भागों को ठोस रेखाओं के साथ काटें।
3. लेबल 'K' पर दोनों भागों को एक साथ टेप करें।
4. बिंदीदार रेखाओं पर मोड़ें।
5. बांधने के लिए स्पष्ट टेप का उपयोग करें।

यदि आप नेट पर चित्र बनाना चाहते हैं, तो इसे टेप से जोड़ने से पहले ऐस
लिए चिपकाकर सजाना चाहते हैं, तो पहले इसे टेप से बांध दें

K

बहुफलकों के लिए जाल - प्रोजेक्ट बुक डेविड ई. मैकएडम्स द्वारा 119

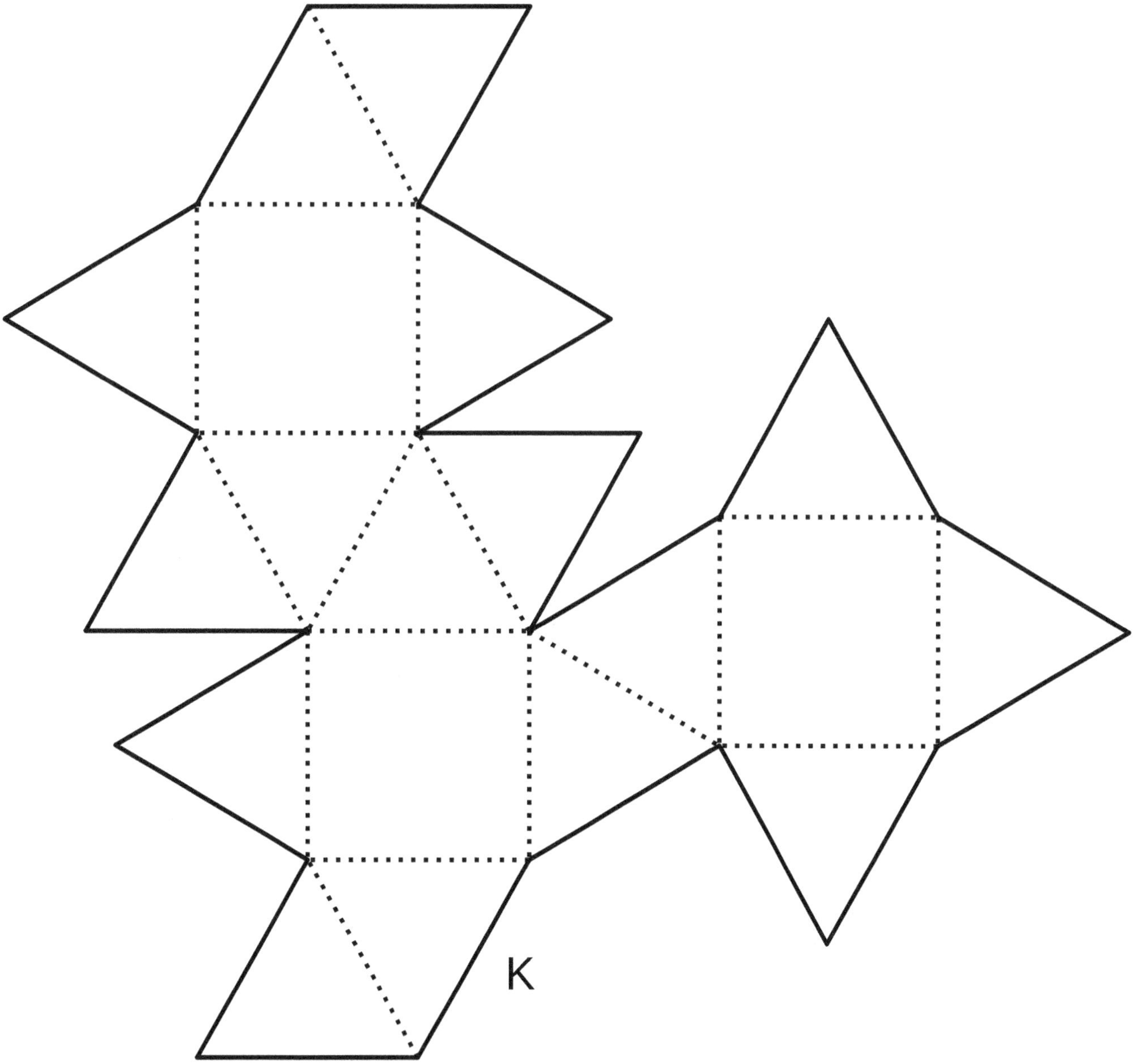

K

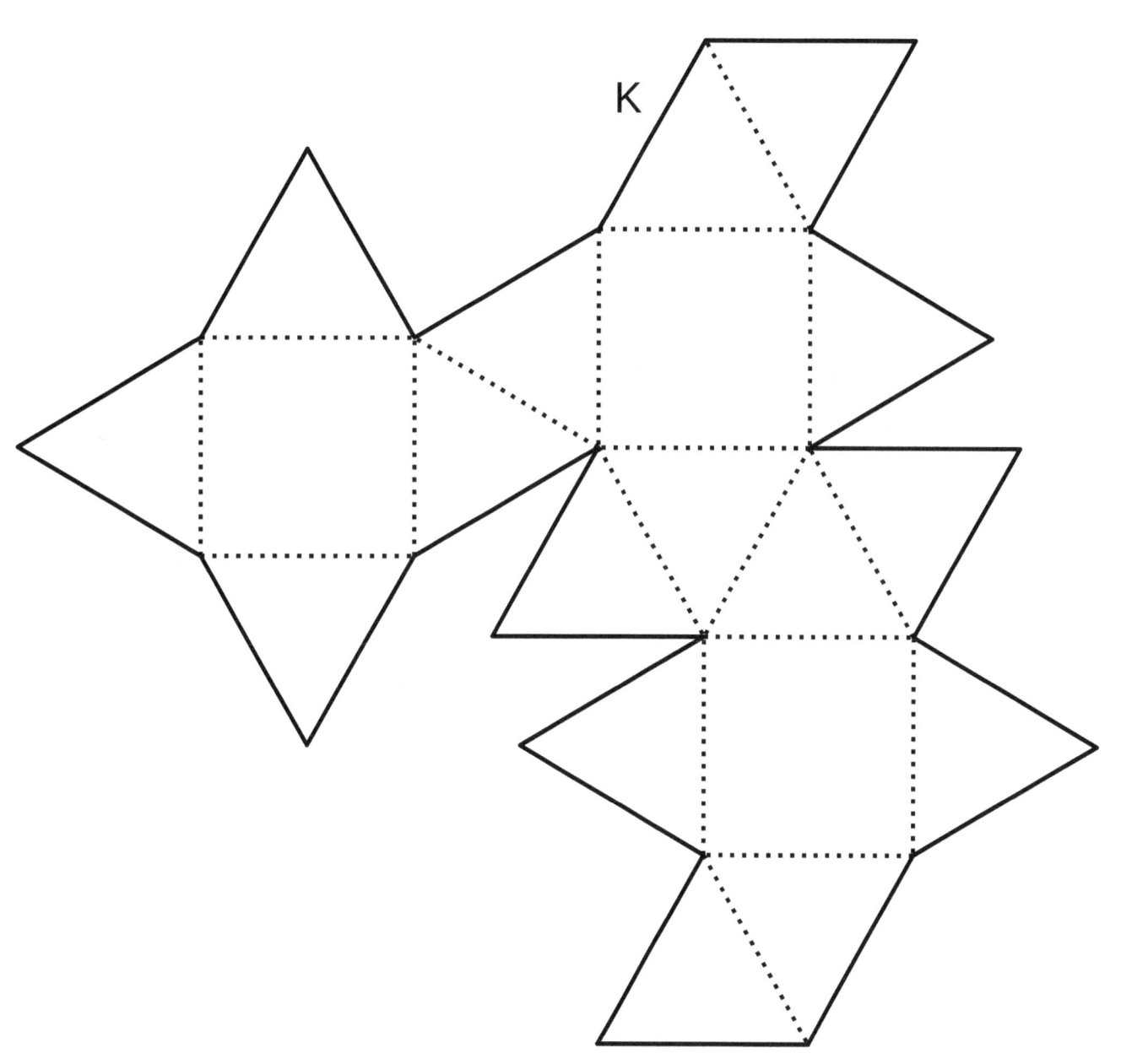

स्नब डोडेकाहेड्रॉन

1. यह दो भागों वाला जाल है। आधा इस पेज पर है और आधा अगले पेज पर।
2. दोनों भागों को ठोस रेखाओं के साथ काटें।
3. लेबल 'Z' पर दोनों भागों को एक साथ टेप करें।
4. बिंदीदार रेखाओं पर मोड़ें।
5. बांधने के लिए स्पष्ट टेप का उपयोग करें।

यदि आप नेट पर चित्र बनाना चाहते हैं, तो इसे टेप से जोड़ने से पहले ऐसा करें। यदि आप इसे सजावट के लिए चिपकाकर सजाना चाहते हैं, तो पहले इसे टेप से बांध दें

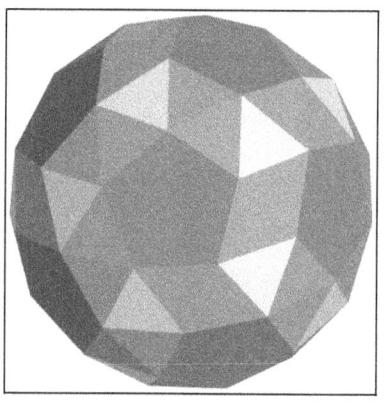

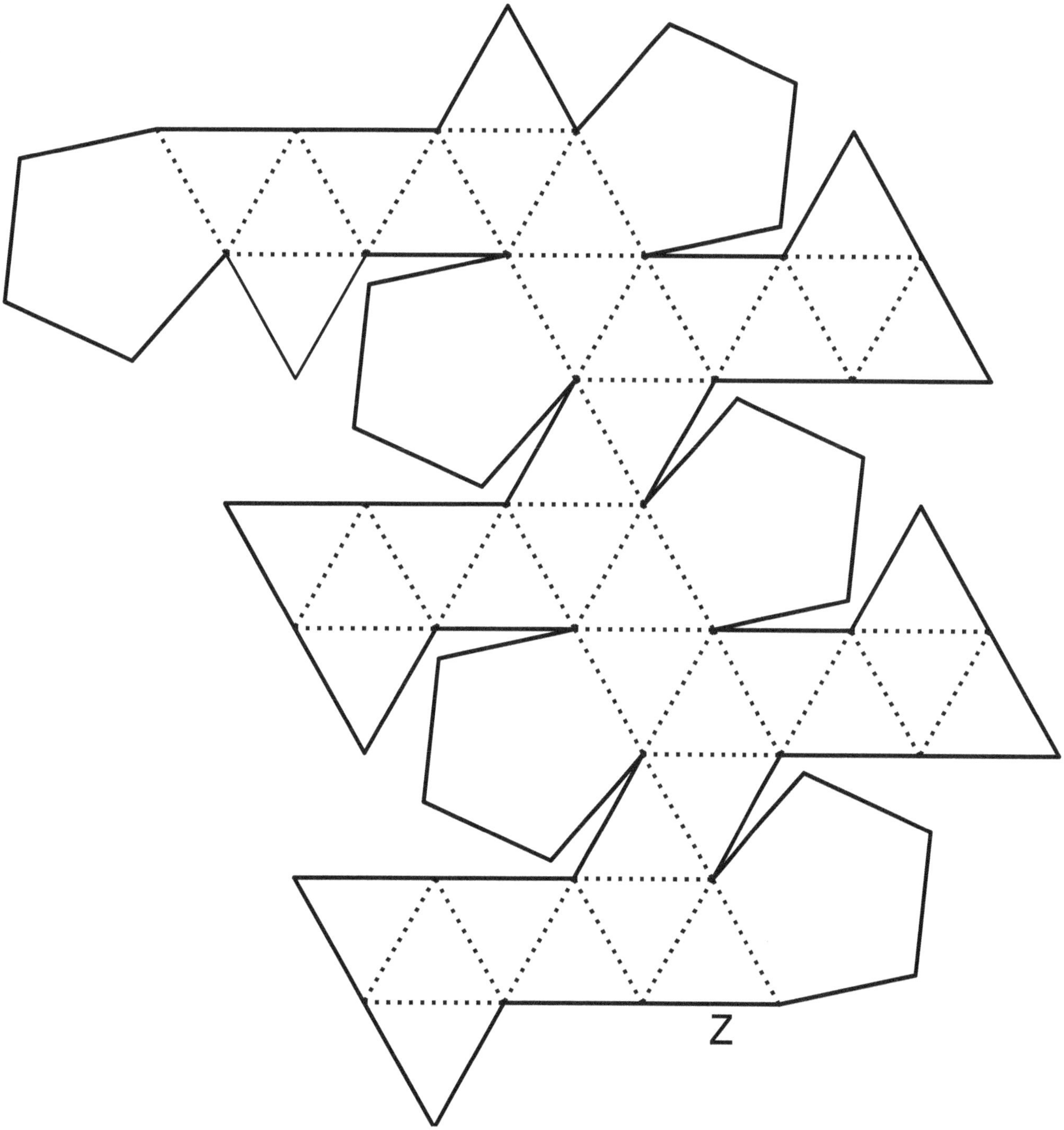

बहुफलकों के लिए जाल - प्रोजेक्ट बुक डेविड ई. मैकएडम्स द्वारा

Z

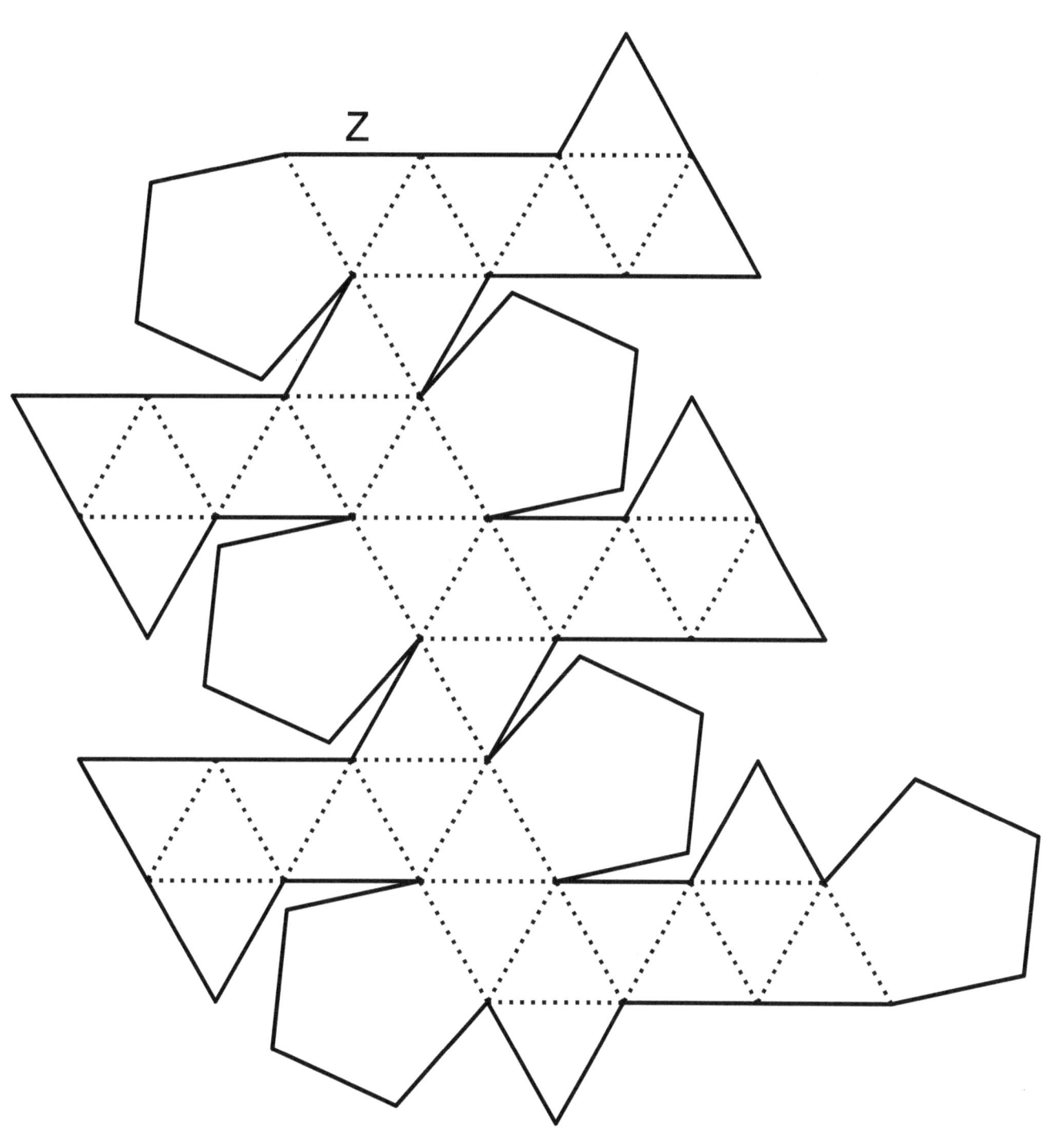

स्क्वायर एंटीप्रिज्म

1. ठोस रेखाओं के साथ काटें।
2. बिंदीदार रेखाओं पर मोड़ें।
3. बांधने के लिए साफ़ टेप का उपयोग करें।

यदि आप नेट पर चित्र बनाना चाहते हैं, तो इसे टेप से जोड़ने से पहले ऐसा करें। यदि आप इसे सजावट के लिए चिपकाकर सजाना चाहते हैं, तो पहले इसे टेप से बांध दें।

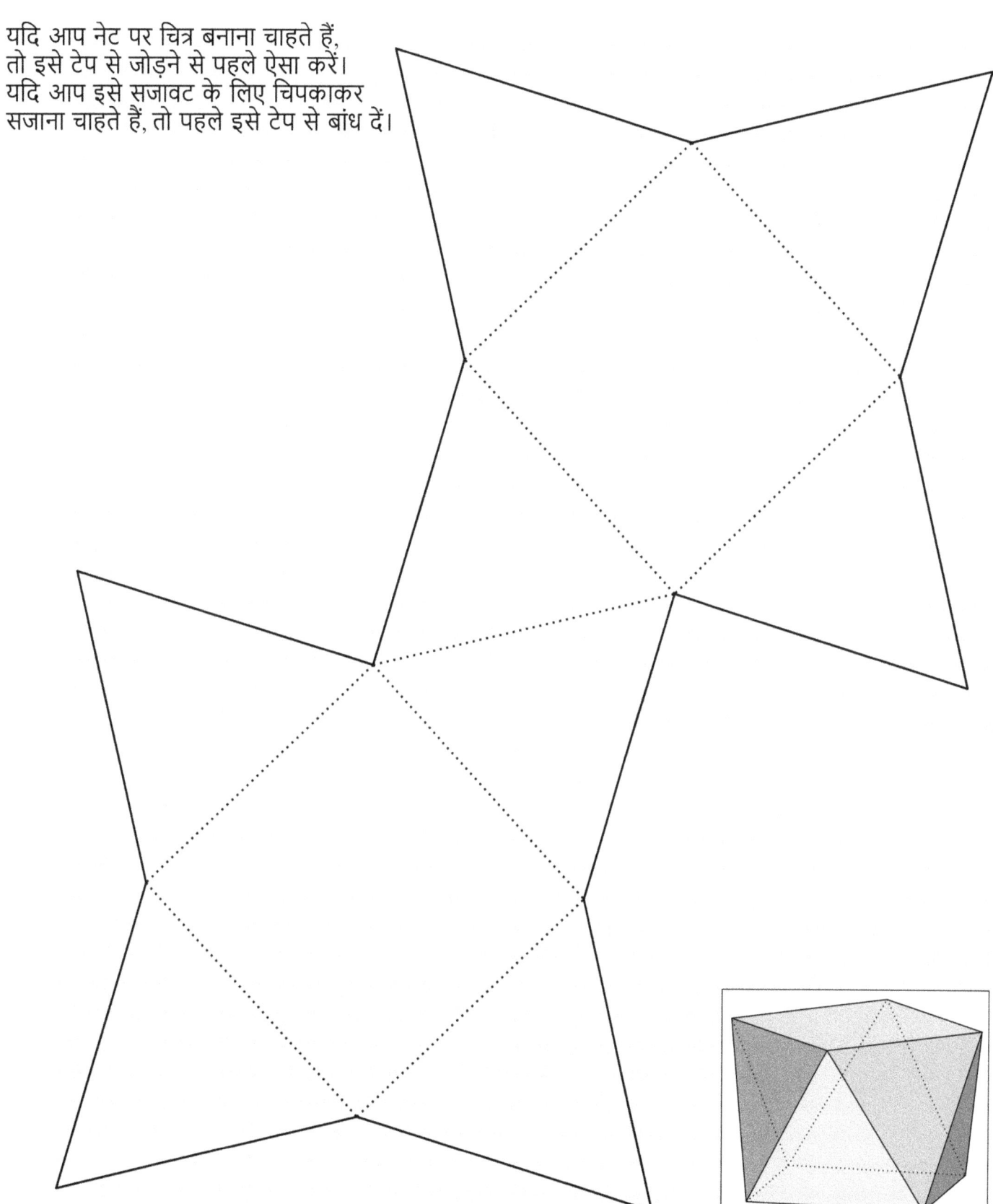

चौकोर गुंबद

1. ठोस रेखाओं के साथ काटें।
2. बिंदीदार रेखाओं पर मोड़ें।
3. बांधने के लिए साफ़ टेप का उपयोग करें।

यदि आप नेट पर चित्र बनाना चाहते हैं, तो इसे टेप से जोड़ने से पहले ऐसा करें। यदि आप इसे सजावट के लिए चिपकाकर सजाना चाहते हैं, तो पहले इसे टेप से बांध दें।

बहुफलकों के लिए जाल - प्रोजेक्ट बुक डेविड ई. मैकएडम्स द्वारा

वर्गाकार पिरामिड

1. ठोस रेखाओं के साथ काटें।
2. बिंदीदार रेखाओं पर मोड़ें।
3. बांधने के लिए साफ़ टेप का उपयोग करें।

यदि आप नेट पर चित्र बनाना चाहते हैं, तो इसे टेप से जोड़ने से पहले ऐसा करें। यदि आप इसे सजावट के लिए चिपकाकर सजाना चाहते हैं, तो पहले इसे टेप से बांध दें।

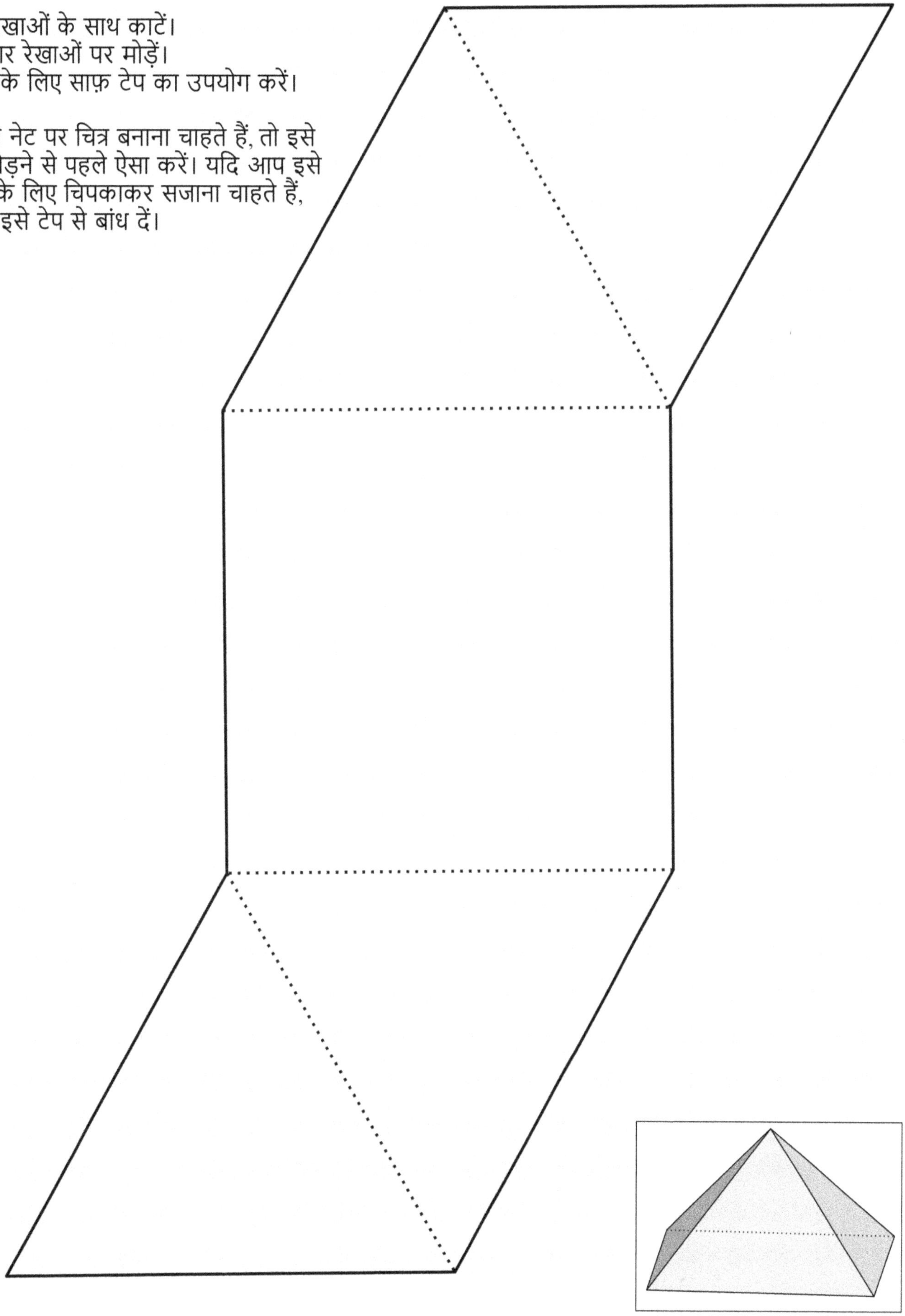

बहुफलकों के लिए जाल - प्रोजेक्ट बुक डेविड ई. मैकएडम्स द्वारा

कॉपीराइट 2024. केवल आकस्मिक, गैर-वाणिज्यिक शैक्षिक उपयोग के लिए कॉपी किया जा सकता है। अधिक जानकारी के लिए कॉपीराइट नोटिस देखें।

स्क्वायर ट्रेपेज़ोहेड्रोन

1. ठोस रेखाओं के साथ काटें।
2. बिंदीदार रेखाओं पर मोड़ें।
3. बांधने के लिए साफ़ टेप का उपयोग करें।

यदि आप नेट पर चित्र बनाना चाहते हैं, तो इसे टेप से जोड़ने से पहले ऐसा करें। यदि आप इसे सजावट के लिए चिपकाकर सजाना चाहते हैं, तो पहले इसे टेप से बांध दें।

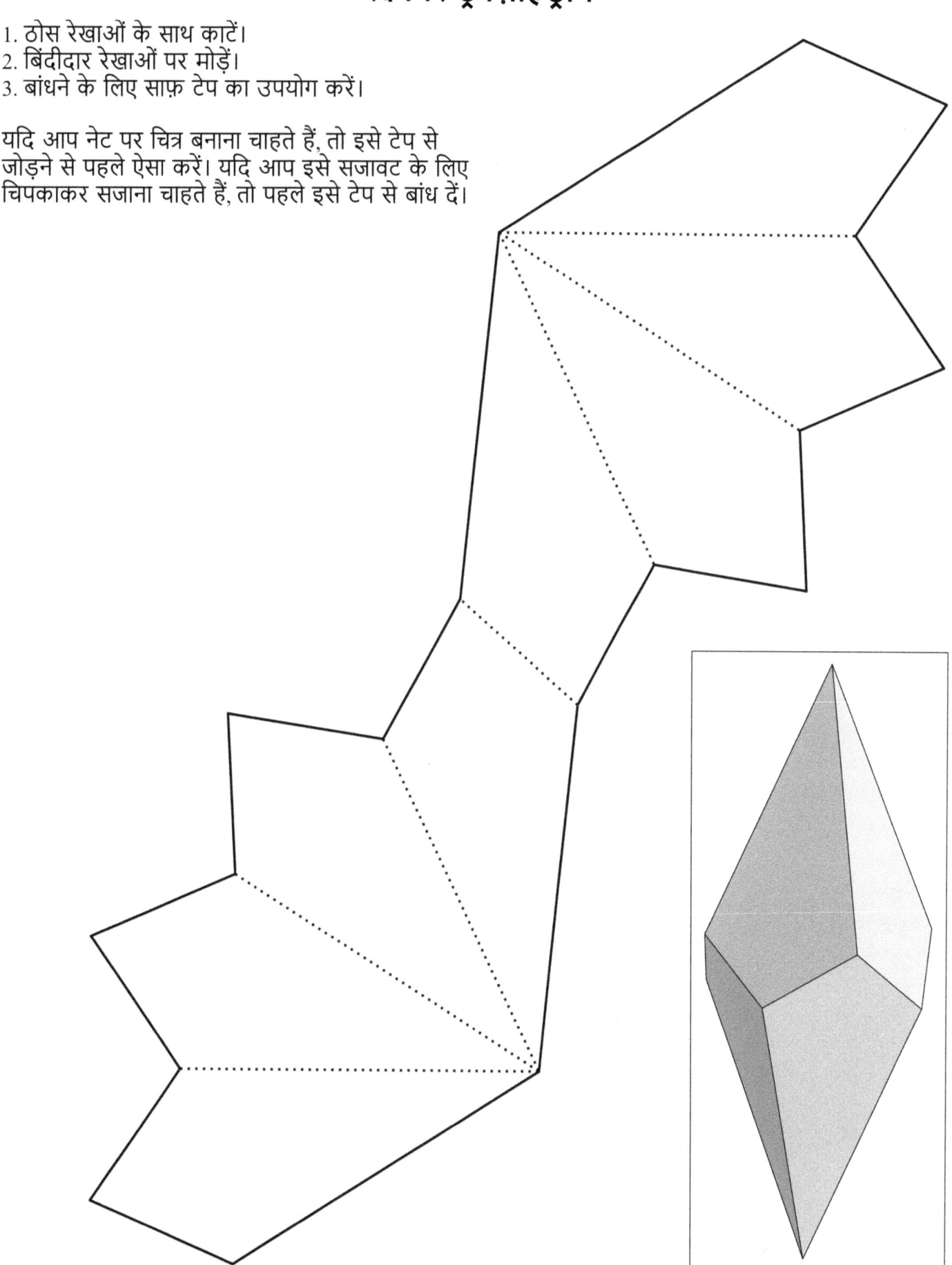

बहुफलकों के लिए जाल - प्रोजेक्ट बुक डेविड ई. मैकएडम्स द्वारा

ताराकार अष्टफलक

1. ठोस रेखाओं के साथ काटें।
2. बिंदीदार रेखाओं पर मोड़ें।
3. धराशायी रेखा पर पीछे की ओर मोड़ें
4. बांधने के लिए साफ़ टेप का उपयोग करें।

यदि आप नेट पर चित्र बनाना चाहते हैं, तो इसे टेप से जोड़ने से पहले ऐसा करें। यदि आप इसे सजावट के लिए चिपकाकर सजाना चाहते हैं, तो पहले इसे टेप से बांध दें

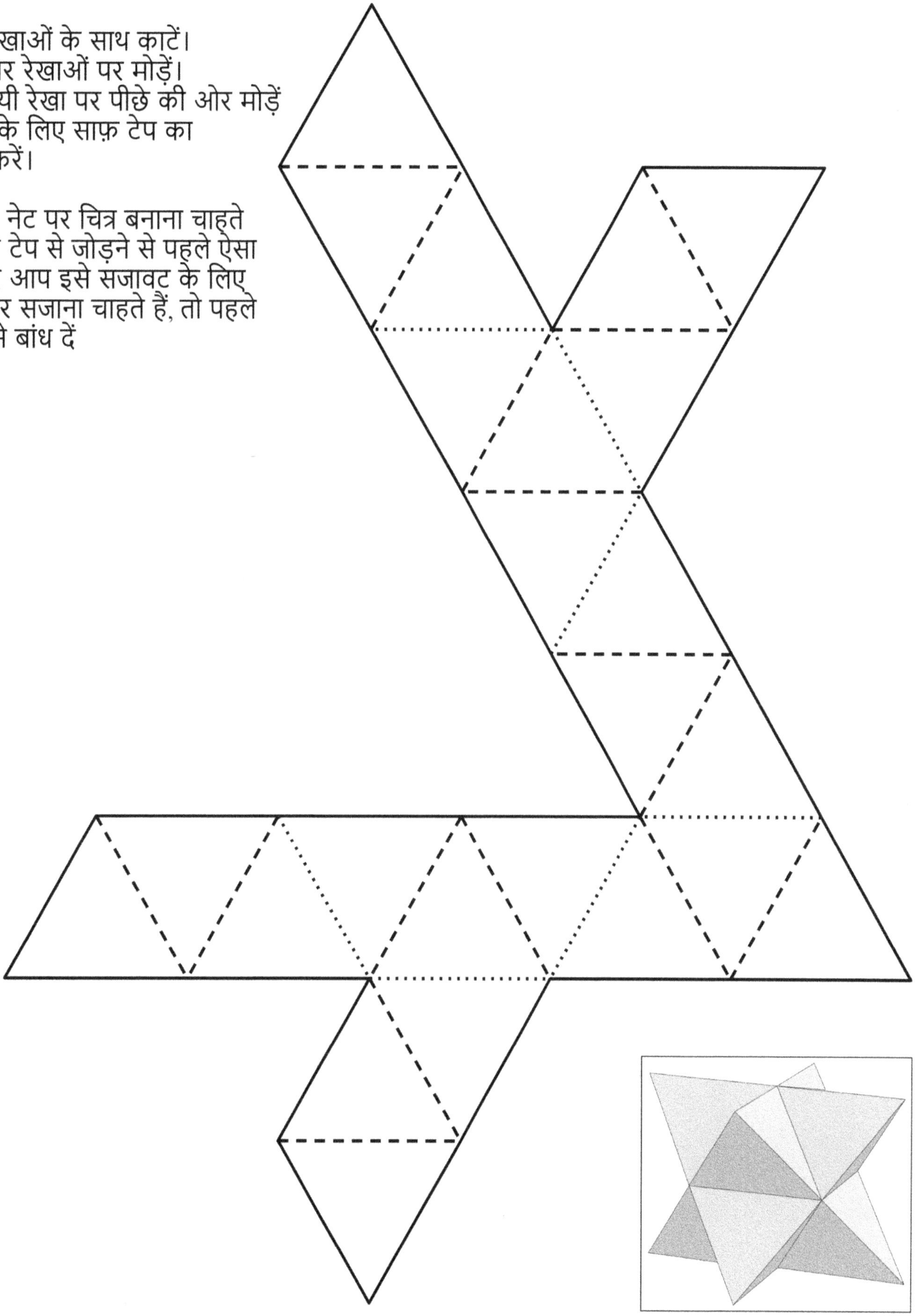

बहुफलकों के लिए जाल - प्रोजेक्ट बुक डेविड ई. मैकएडम्स द्वारा

कॉपीराइट 2024. केवल आकस्मिक, गैर-वाणिज्यिक शैक्षिक उपयोग के लिए कॉपी किया जा सकता है। अधिक जानकारी के लिए कॉपीराइट नोटिस देखें।

नियमित चतुष्फलक

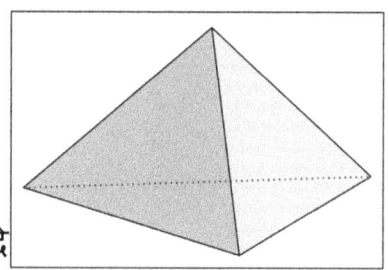

1. ठोस रेखाओं के साथ काटें।
2. बिंदीदार रेखाओं पर मोड़ें।
3. बांधने के लिए साफ़ टेप का उपयोग करें।

यदि आप नेट पर चित्र बनाना चाहते हैं, तो इसे टेप से जोड़ने से पहले ऐसा करें। यदि आप इसे सजावट के लिए चिपकाकर सजाना चाहते हैं, तो पहले इसे टेप से बांध दें।

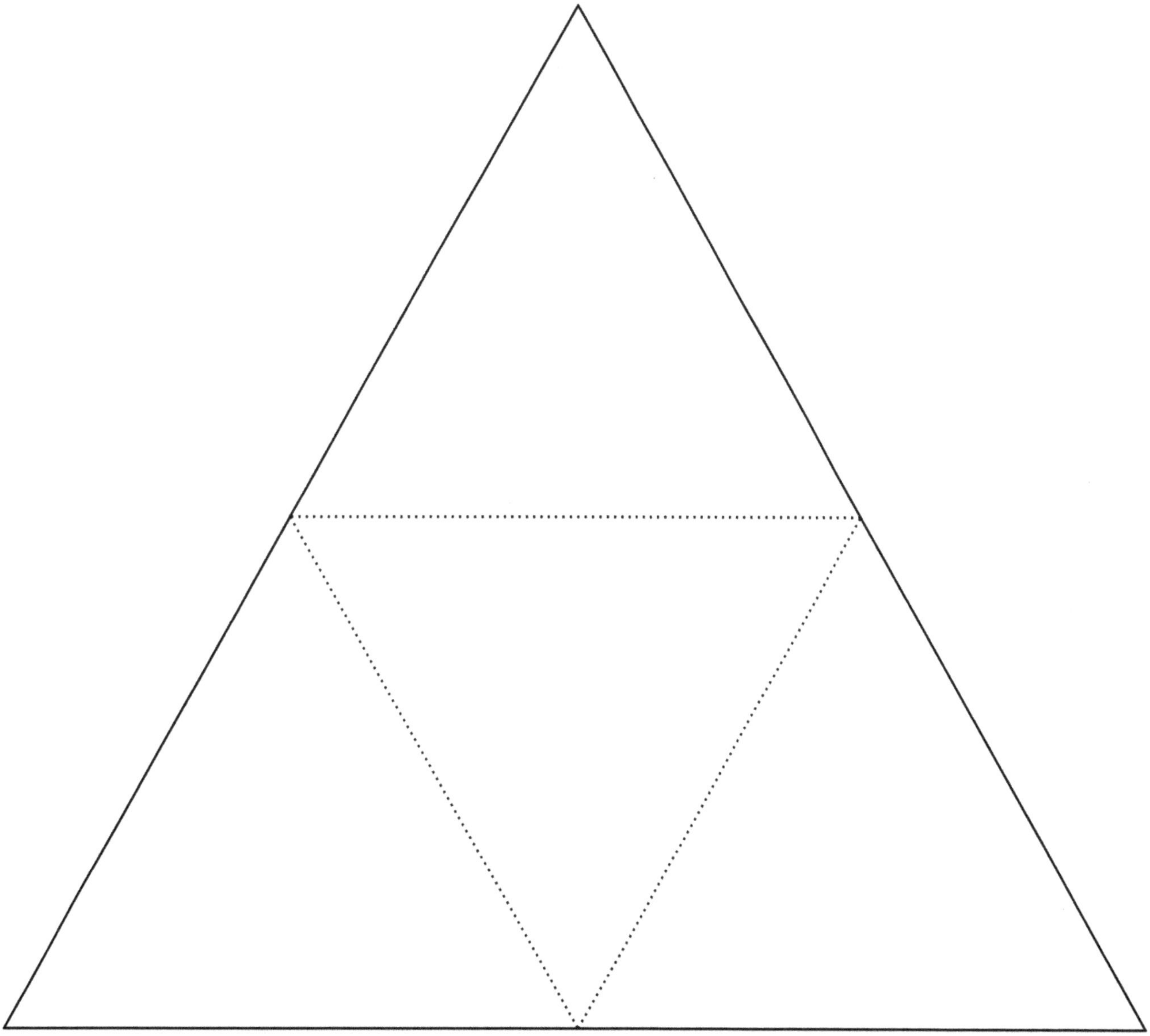

बहुफलकों के लिए जाल - प्रोजेक्ट बुक डेविड ई. मैकएडम्स द्वारा

कॉपीराइट 2024. केवल आकस्मिक, गैर-वाणिज्यिक शैक्षिक उपयोग के लिए कॉपी किया जा सकता है। अधिक जानकारी के लिए कॉपीराइट नोटिस देखें।

टेट्राकिस हेक्साहेड्रोन

1. ठोस रेखाओं के साथ काटें।
2. बिंदीदार रेखाओं पर मोड़ें।
3. बांधने के लिए साफ़ टेप का उपयोग करें।

यदि आप नेट पर चित्र बनाना चाहते हैं, तो इसे टेप से जोड़ने से पहले ऐसा करें। यदि आप इसे सजावट के लिए चिपकाकर सजाना चाहते हैं, तो पहले इसे टेप से बांध दें।

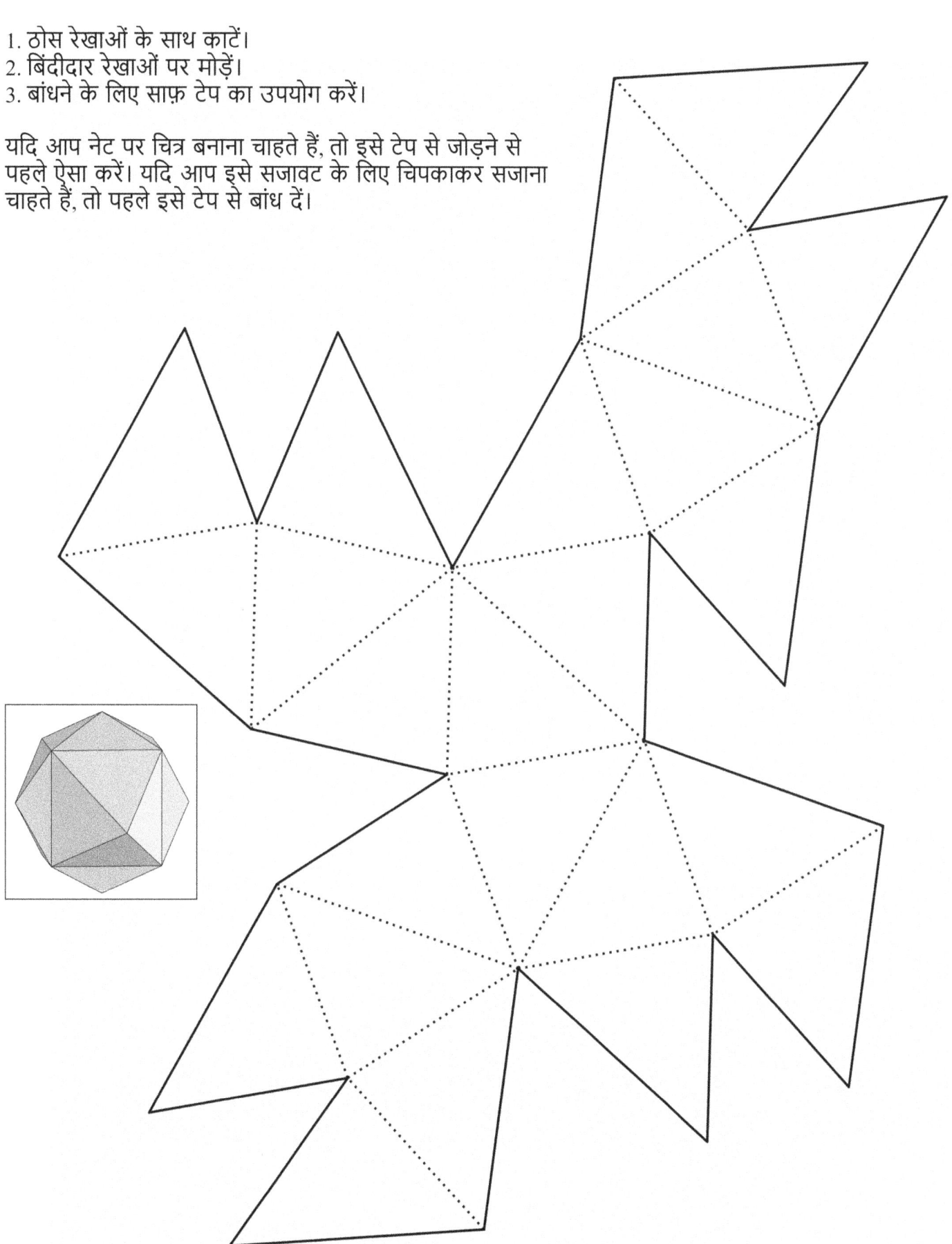

त्रिआकीस अष्टफलक

1. ठोस रेखाओं के साथ काटें।
2. बिंदीदार रेखाओं पर मोड़ें।
3. बांधने के लिए साफ़ टेप का उपयोग करें।

यदि आप नेट पर चित्र बनाना चाहते हैं, तो इसे टेप से जोड़ने से पहले ऐसा करें। यदि आप इसे सजावट के लिए चिपकाकर सजाना चाहते हैं, तो पहले इसे टेप से बांध दें।

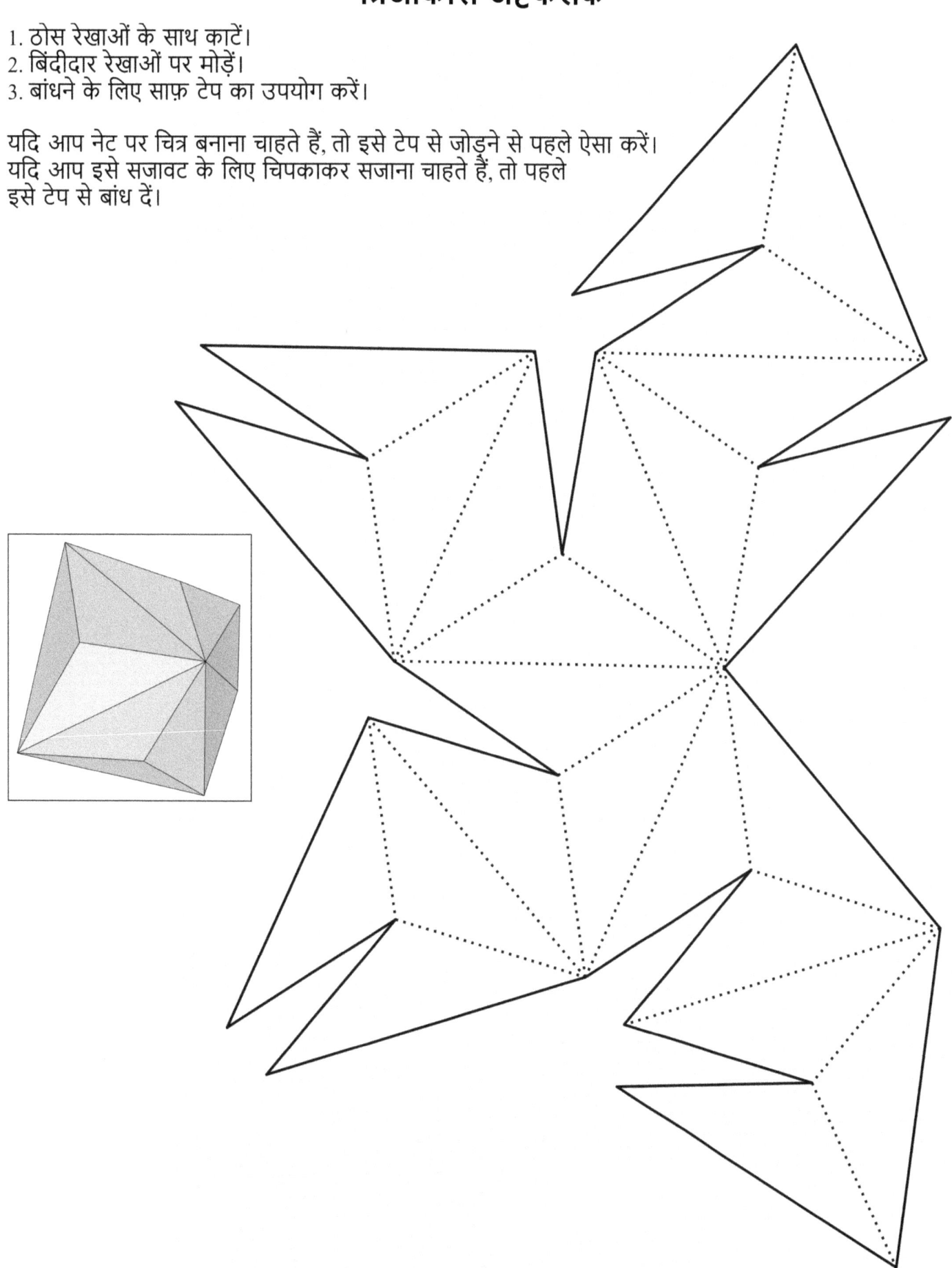

बहुफलकों के लिए जाल - प्रोजेक्ट बुक डेविड ई. मैकएडम्स द्वारा

कॉपीराइट 2024. केवल आकस्मिक, गैर-वाणिज्यिक शैक्षिक उपयोग के लिए कॉपी किया जा सकता है। अधिक जानकारी के लिए कॉपीराइट नोटिस देखें।

ट्राइआकीस टेट्राहेड्रोन

1. ठोस रेखाओं के साथ काटें।
2. बिंदीदार रेखाओं पर मोड़ें।
3. बांधने के लिए साफ़ टेप का उपयोग करें।

यदि आप नेट पर चित्र बनाना चाहते हैं, तो इसे टेप से जोड़ने से पहले ऐसा करें। यदि आप इसे सजावट के लिए चिपकाकर सजाना चाहते हैं, तो पहले इसे टेप से बांध दें।

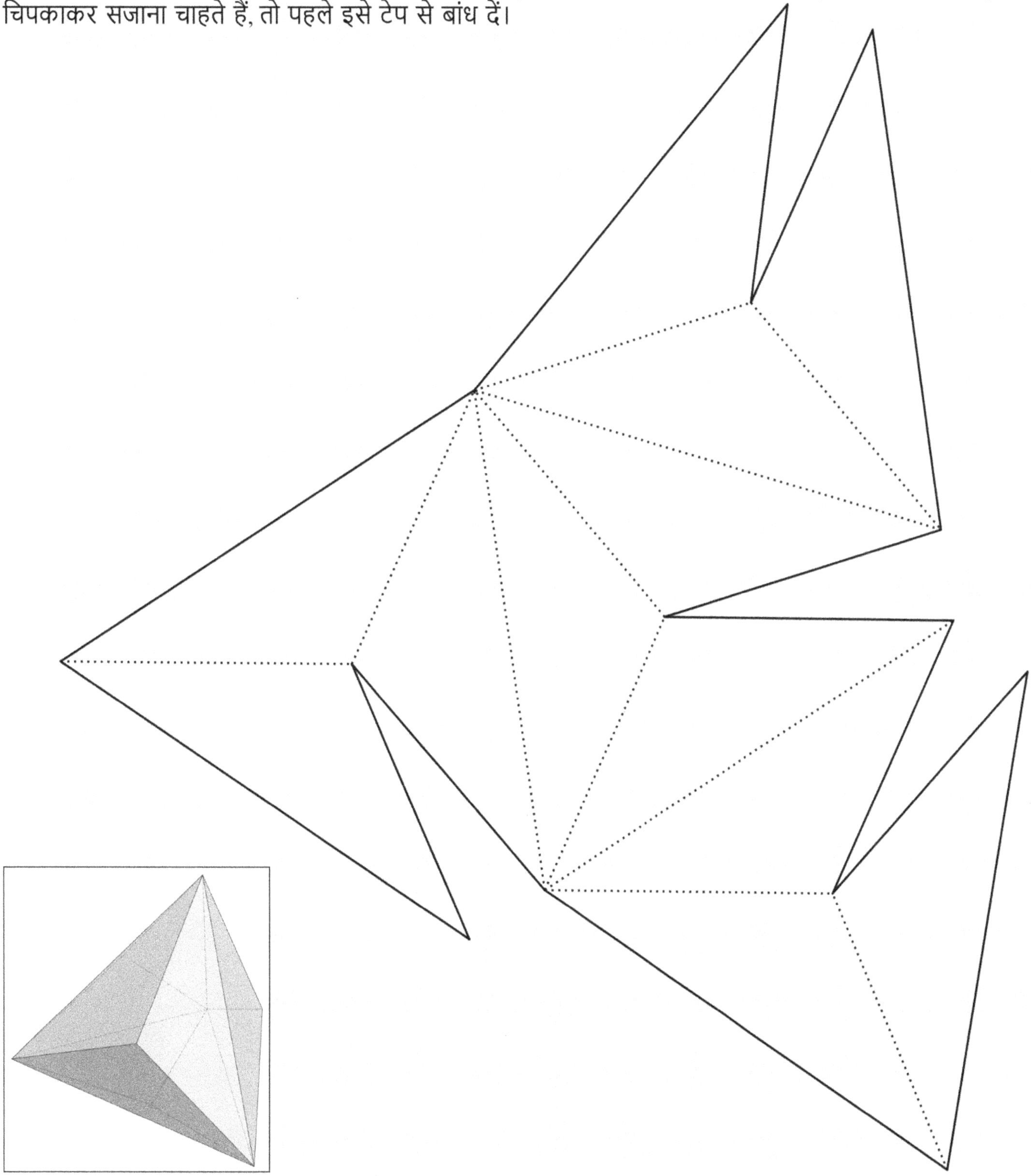

बहुफलकों के लिए जाल - प्रोजेक्ट बुक डेविड ई. मैकएडम्स द्वारा

कॉपीराइट 2024. केवल आकस्मिक, गैर-वाणिज्यिक शैक्षिक उपयोग के लिए कॉपी किया जा सकता है। अधिक जानकारी के लिए कॉपीराइट नोटिस देखें।

त्रिकोणीय गुंबद

1. ठोस रेखाओं के साथ काटें।
2. बिंदीदार रेखाओं पर मोड़ें।
3. बांधने के लिए साफ़ टेप का उपयोग करें।

यदि आप नेट पर चित्र बनाना चाहते हैं, तो इसे टेप से जोड़ने से पहले ऐसा करें। यदि आप इसे सजावट के लिए चिपकाकर सजाना चाहते हैं, तो पहले इसे टेप से बांध दें।

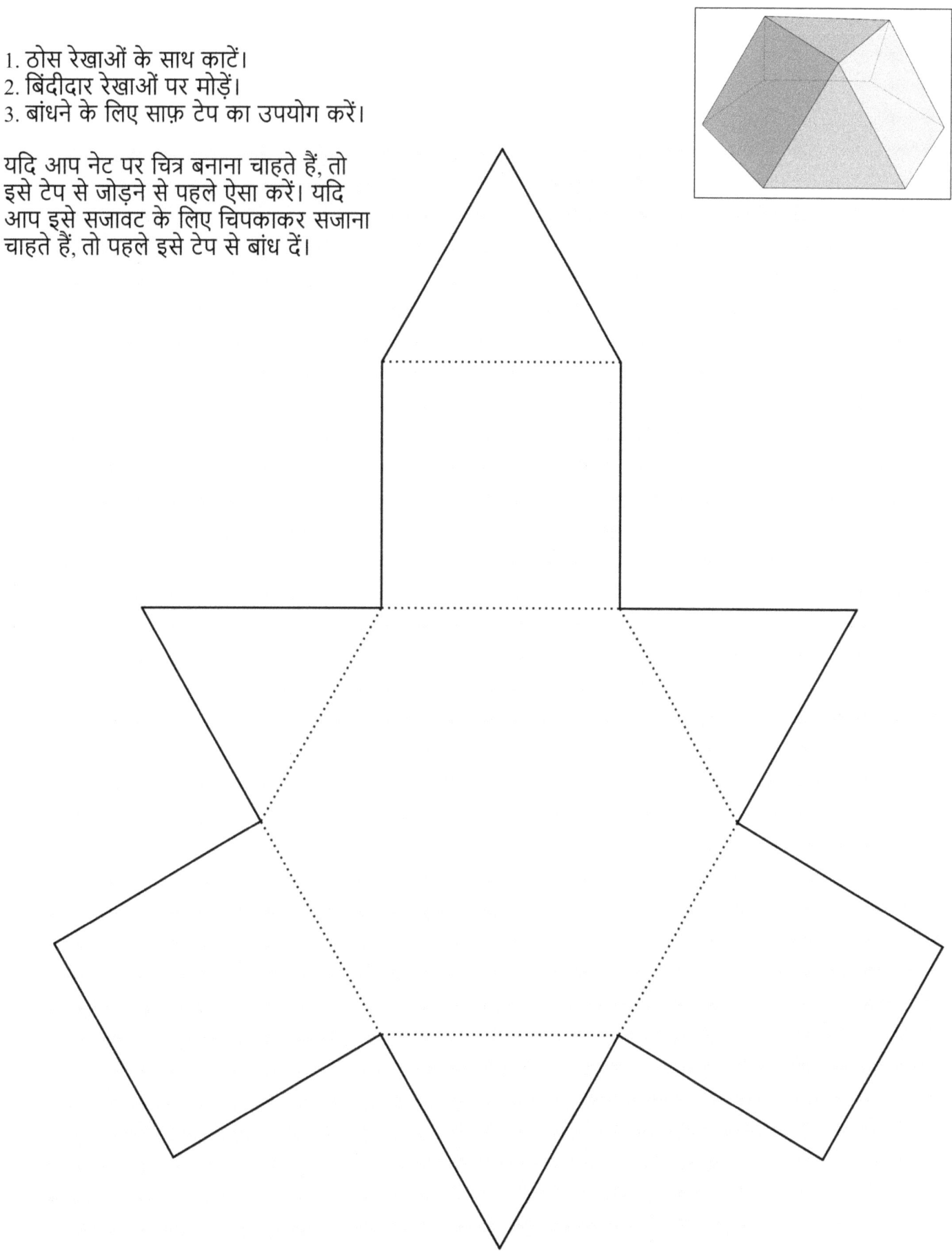

त्रिकोणीय द्विपिरामिड

1. ठोस रेखाओं के साथ काटें।
2. बिंदीदार रेखाओं पर मोड़ें।
3. बांधने के लिए साफ़ टेप का उपयोग करें।

यदि आप नेट पर चित्र बनाना चाहते हैं, तो इसे टेप से जोड़ने से पहले ऐसा करें। यदि आप इसे सजावट के लिए चिपकाकर सजाना चाहते हैं, तो पहले इसे टेप से बांध दें।

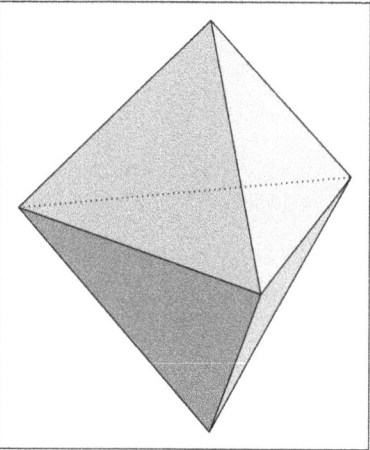

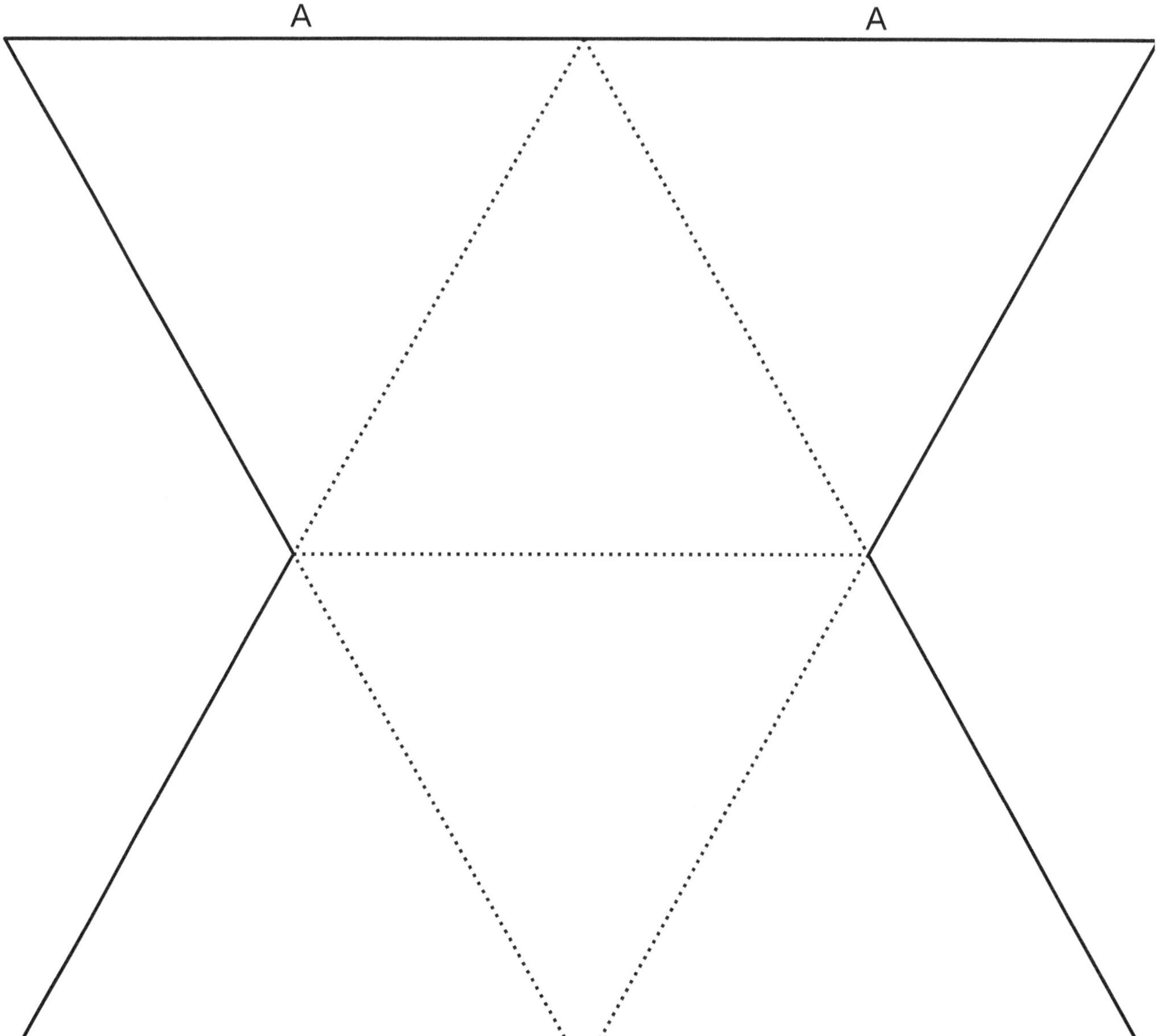

बहुफलकों के लिए जाल - प्रोजेक्ट बुक डेविड ई. मैकएडम्स द्वारा

कॉपीराइट 2024. केवल आकस्मिक, गैर-वाणिज्यिक शैक्षिक उपयोग के लिए कॉपी किया जा सकता है। अधिक जानकारी के लिए कॉपीराइट नोटिस देखें।

त्रिकोणीय पंचफलक

1. ठोस रेखाओं के साथ काटें।
2. बिंदीदार रेखाओं पर मोड़ें।
3. बांधने के लिए साफ़ टेप का उपयोग करें।

यदि आप नेट पर चित्र बनाना चाहते हैं, तो इसे टेप से जोड़ने से पहले ऐसा करें। यदि आप इसे सजावट के लिए चिपकाकर सजाना चाहते हैं, तो पहले इसे टेप से बांध दें।

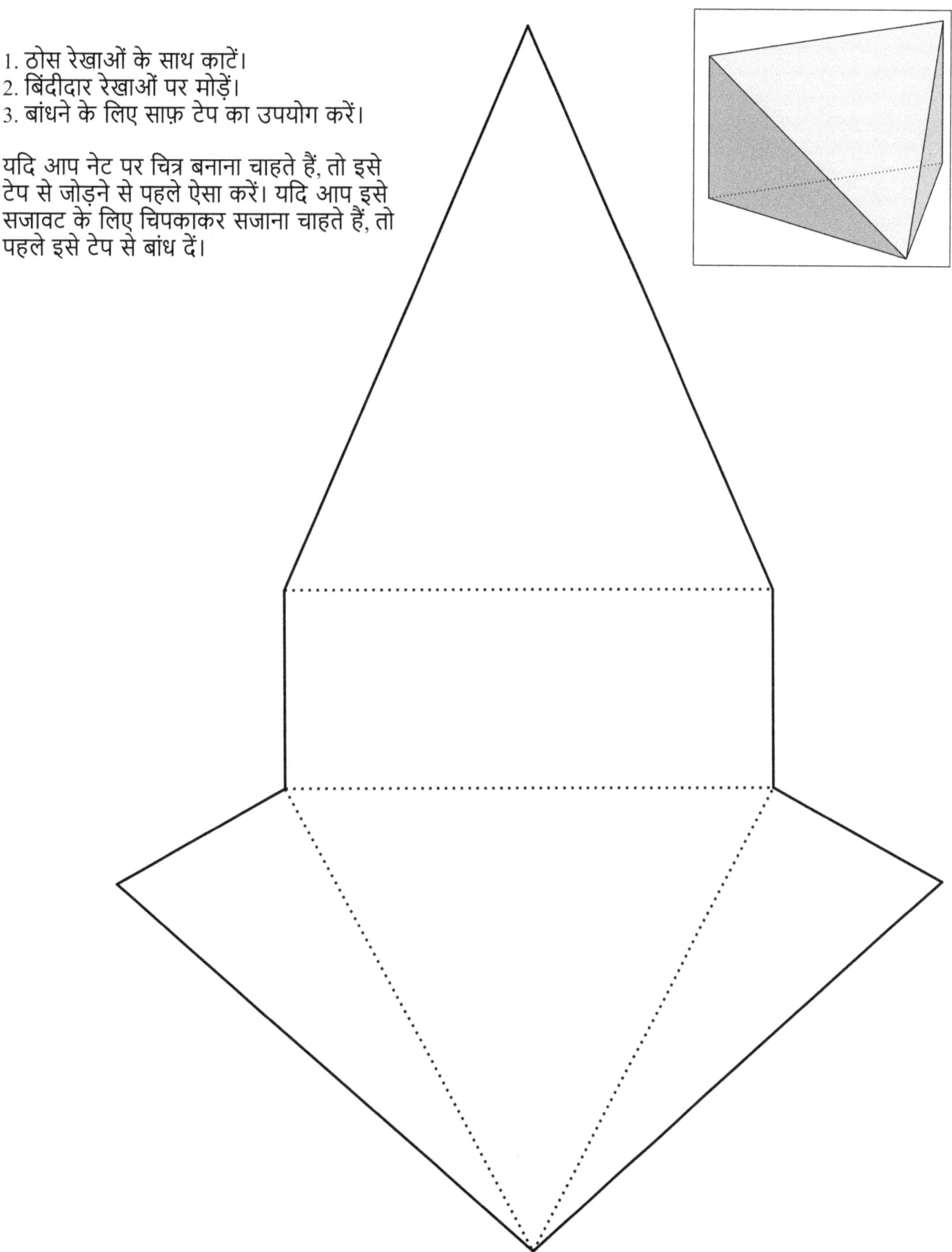

बहुफलकों के लिए जाल - प्रोजेक्ट बुक डेविड ई. मैकएडम्स द्वारा
कॉपीराइट 2024. केवल आकस्मिक, गैर-वाणिज्यिक शैक्षिक उपयोग के लिए कॉपी किया जा सकता है। अधिक जानकारी के लिए कॉपीराइट नोटिस देखें।

त्रिकोणीय प्रिज्म

1. ठोस रेखाओं के साथ काटें।
2. बिंदीदार रेखाओं पर मोड़ें।
3. बांधने के लिए साफ़ टेप का उपयोग करें।

यदि आप नेट पर चित्र बनाना चाहते हैं, तो इसे टेप से जोड़ने से पहले ऐसा करें। यदि आप इसे सजावट के लिए चिपकाकर सजाना चाहते हैं, तो पहले इसे टेप से बांध दें।

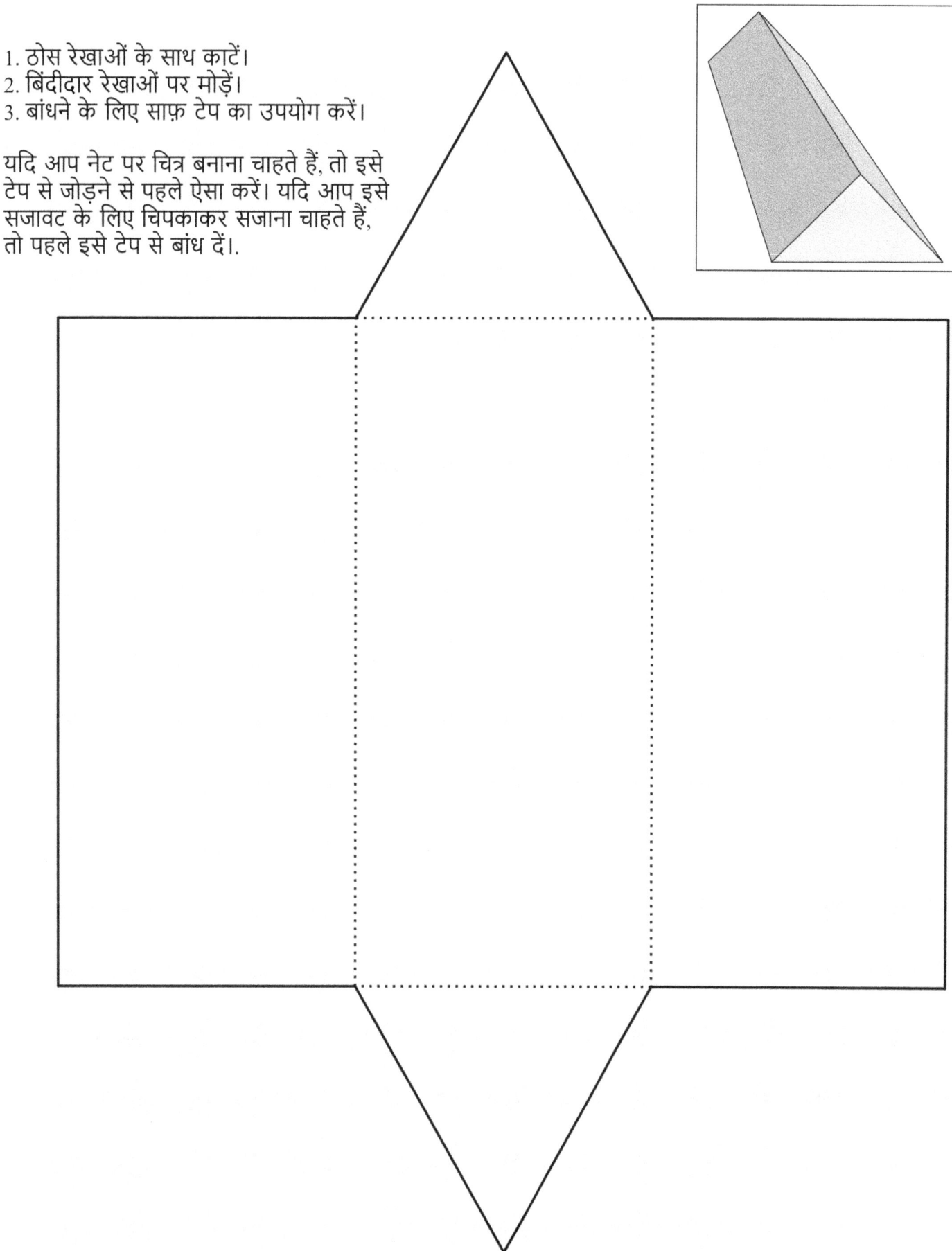

बहुफलकों के लिए जाल - प्रोजेक्ट बुक डेविड ई. मैकएडम्स द्वारा

तिर्यक त्रिकोणीय पिरामिड

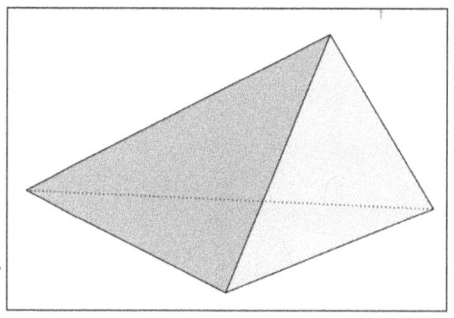

1. ठोस रेखाओं के साथ काटें।
2. बिंदीदार रेखाओं पर मोड़ें।
3. बांधने के लिए साफ़ टेप का उपयोग करें।

यदि आप नेट पर चित्र बनाना चाहते हैं, तो इसे टेप से जोड़ने से पहले ऐसा करें। यदि आप इसे सजावट के लिए चिपकाकर सजाना चाहते हैं, तो पहले इसे टेप से बांध दें।

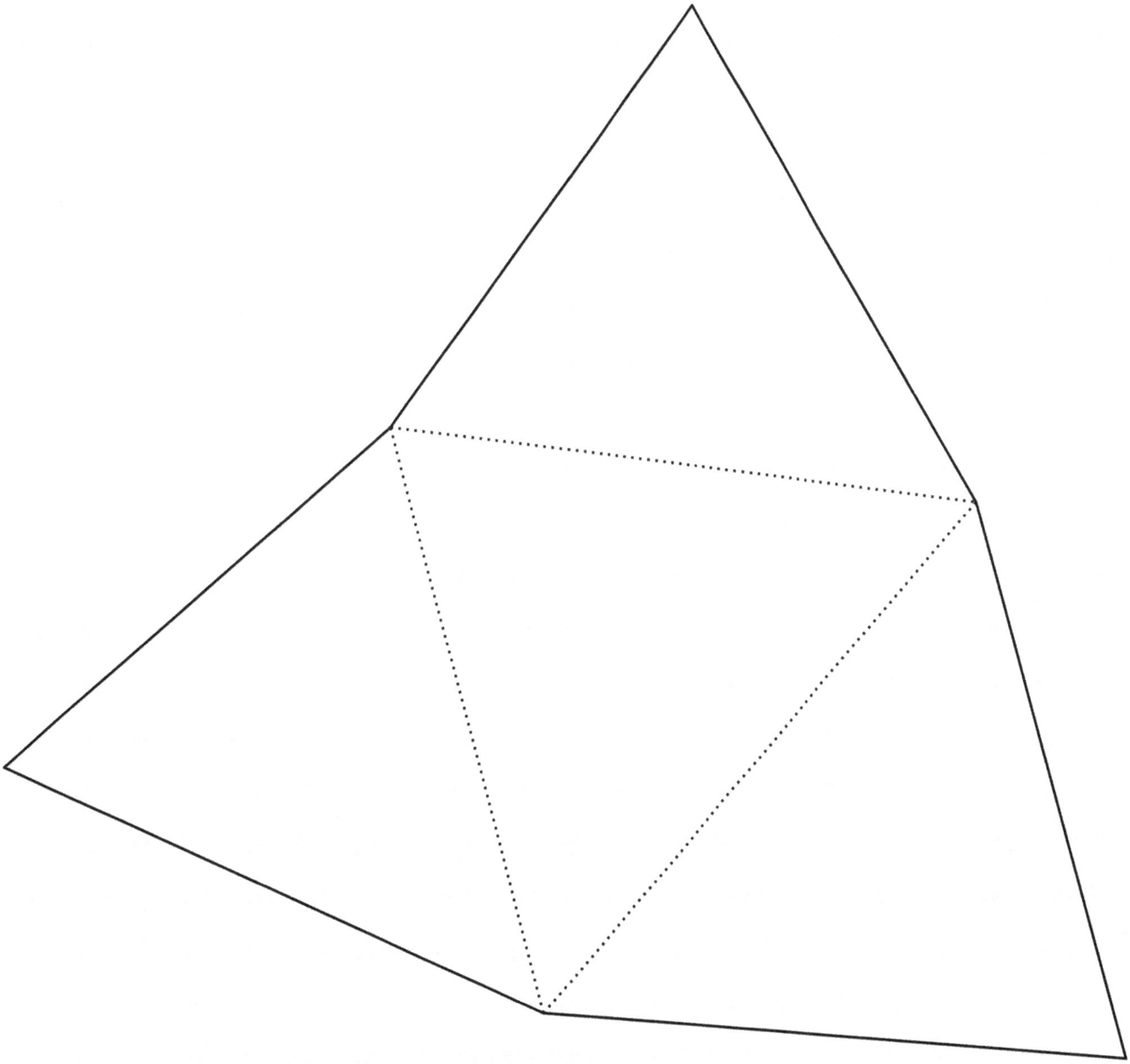

बहुफलकों के लिए जाल - प्रोजेक्ट बुक डेविड ई. मैकएडम्स द्वारा

कॉपीराइट 2024. केवल आकस्मिक, गैर-वाणिज्यिक शैक्षिक उपयोग के लिए कॉपी किया जा सकता है। अधिक जानकारी के लिए कॉपीराइट नोटिस देखें।

छोटा किया गया घन

1. ठोस रेखाओं के साथ काटें।
2. बिंदीदार रेखाओं पर मोड़ें।
3. बांधने के लिए साफ़ टेप का उपयोग करें।

यदि आप नेट पर चित्र बनाना चाहते हैं, तो इसे टेप से जोड़ने से पहले ऐसा करें। यदि आप इसे सजावट के लिए चिपकाकर सजाना चाहते हैं, तो पहले इसे टेप से बांध दें।

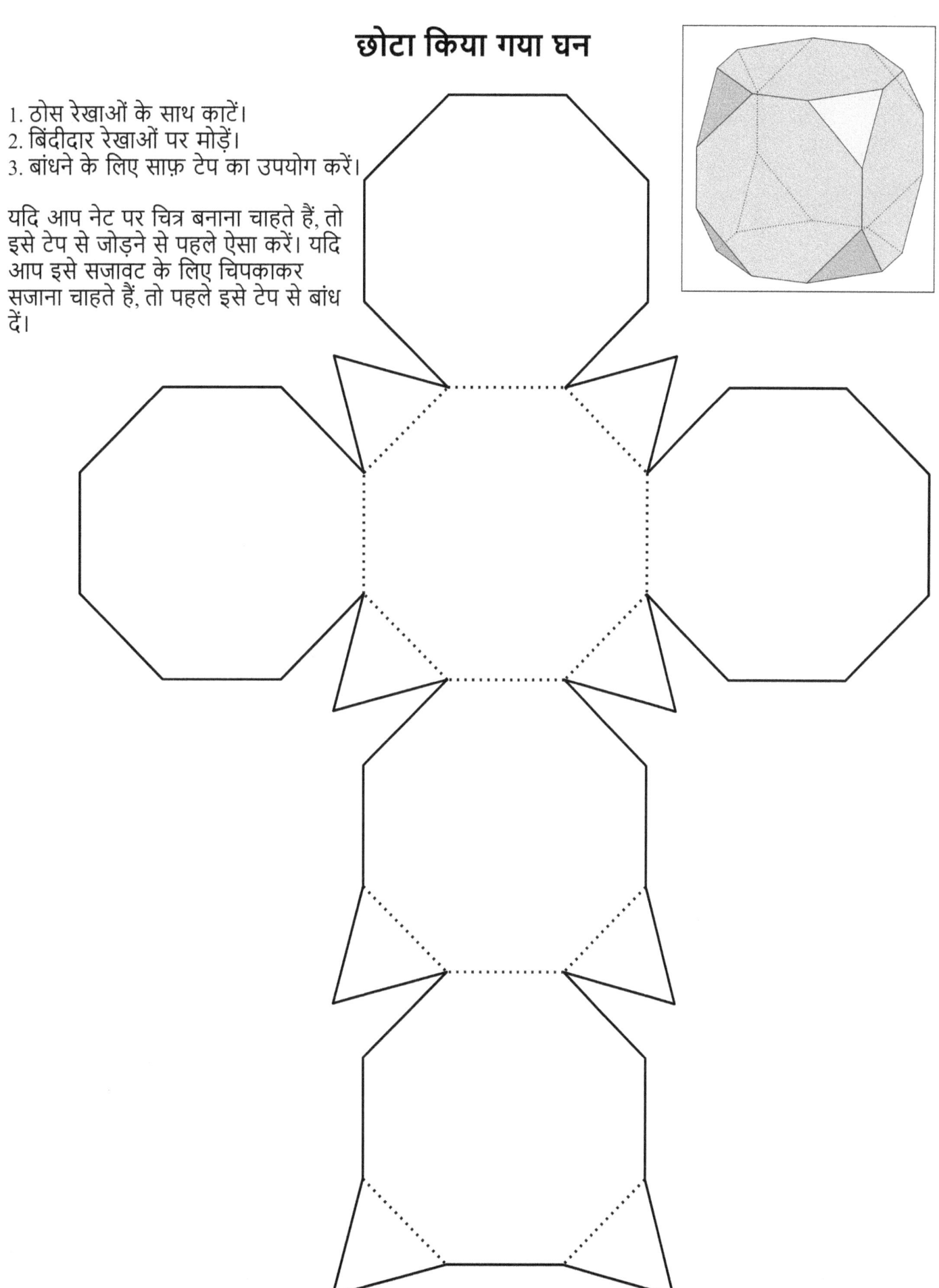

बहुफलकों के लिए जाल - प्रोजेक्ट बुक डेविड ई. मैकएडम्स द्वारा

कॉपीराइट 2024. केवल आकस्मिक, गैर-वाणिज्यिक शैक्षिक उपयोग के लिए कॉपी किया जा सकता है। अधिक जानकारी के लिए कॉपीराइट नोटिस देखें।

ट्रंकेटेड क्यूबोक्टाहेड्रोन

1. ठोस रेखाओं के साथ काटें।
2. बिंदीदार रेखाओं पर मोड़ें।
3. बांधने के लिए साफ़ टेप का उपयोग करें।

यदि आप नेट पर चित्र बनाना चाहते हैं, तो इसे टेप से जोड़ने से पहले ऐसा करें। यदि आप इसे सजावट के लिए चिपकाकर सजाना चाहते हैं, तो पहले इसे टेप से बांध दें।

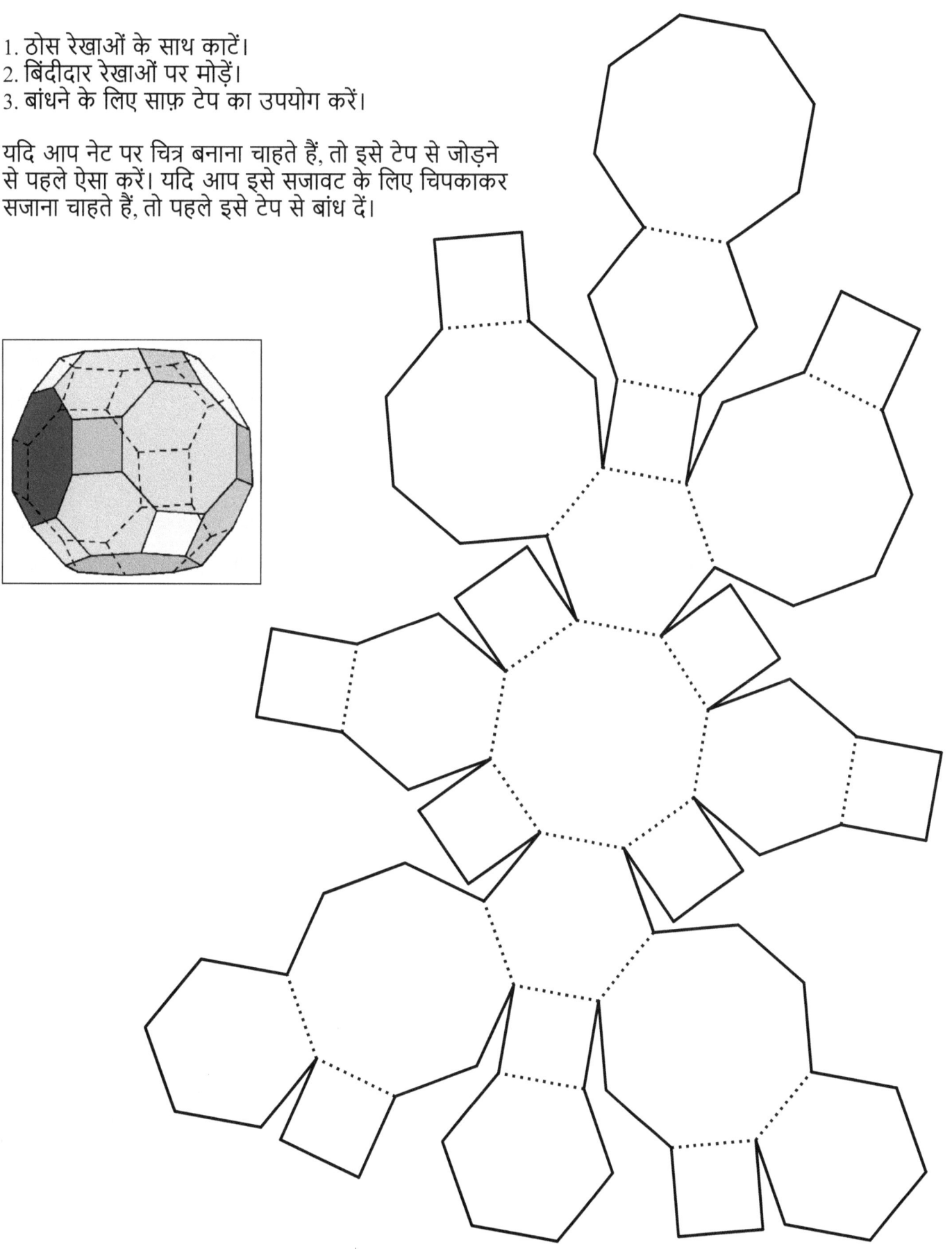

बहुफलकों के लिए जाल - प्रोजेक्ट बुक डेविड ई. मैकएडम्स द्वारा

काटे गए डोडेकाहेड्रॉन

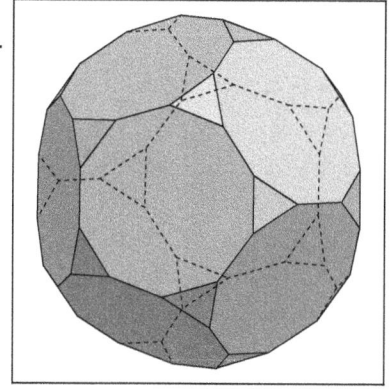

यदि आप नेट पर चित्र बनाना चाहते हैं, तो इसे टेप से जोड़ने से पहले ऐसा करें। यदि आप इसे सजावट के लिए चिपकाकर सजाना चाहते हैं, तो पहले इसे टेप से बांध दें

1. यह दो भागों वाला जाल है। आधा इस पेज पर है और आधा अगले पेज पर।
2. दोनों भागों को ठोस रेखाओं के साथ काटें।
3. लेबल 'Q' पर दोनों भागों को एक साथ टेप करें।
4. बिंदीदार रेखाओं पर मोड़ें।
5. बांधने के लिए स्पष्ट टेप का उपयोग करें।

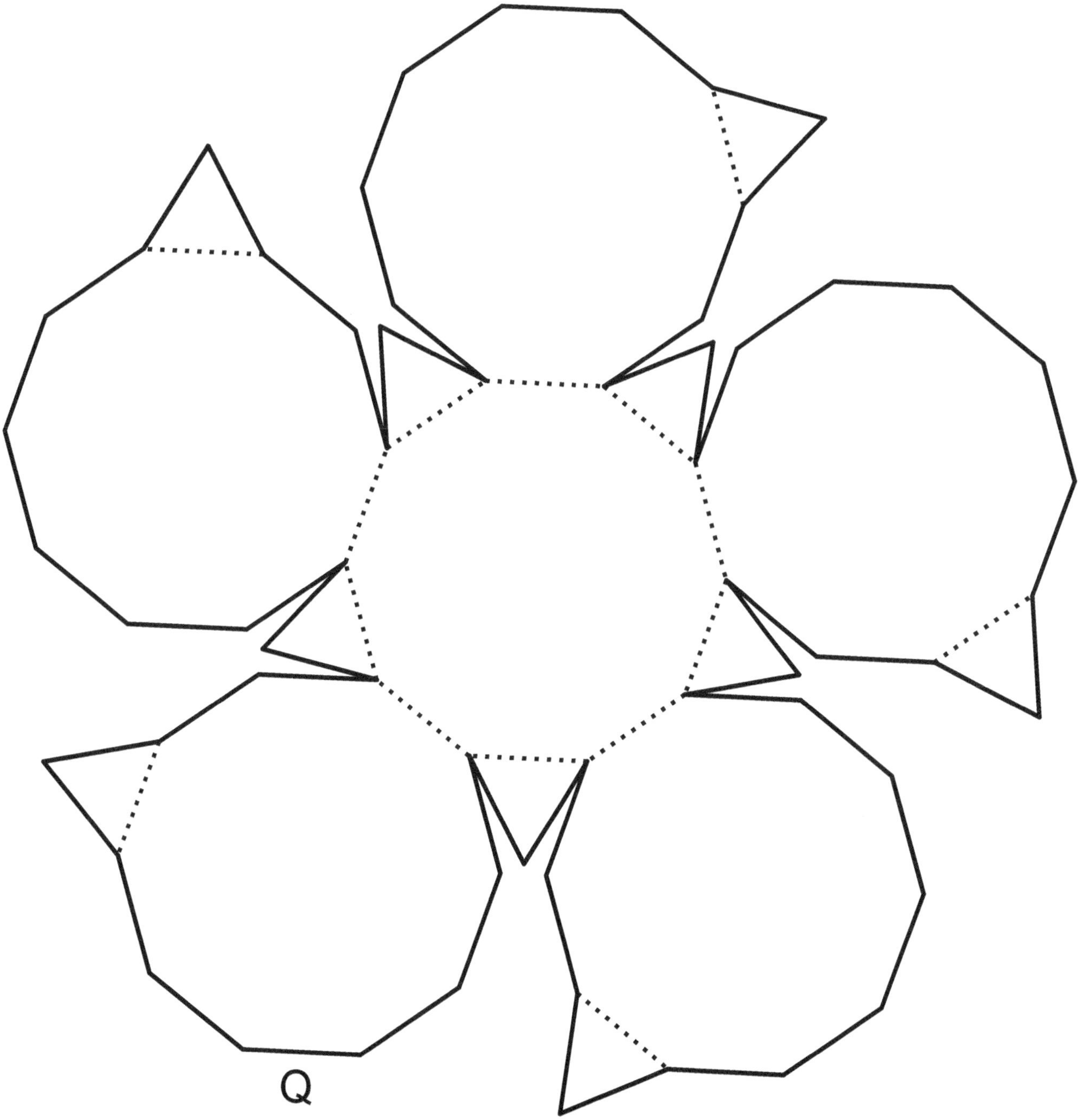

Q

बहुफलकों के लिए जाल - प्रोजेक्ट बुक डेविड ई. मैकएडम्स द्वारा

Q

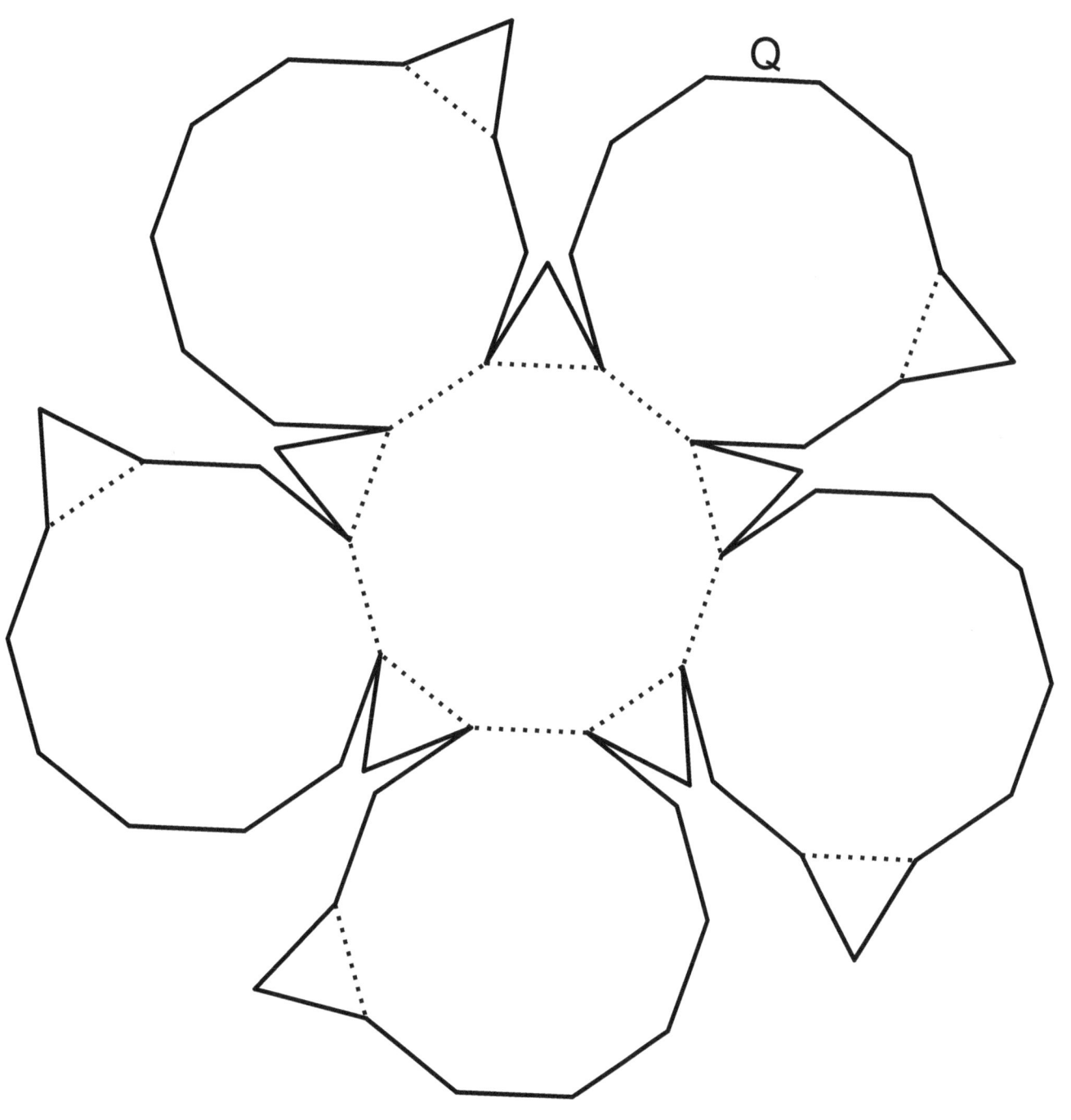

काटे गए इकोसाहेड्रोन

1. यह तीन पन्नों पर बना पाँच भागों वाला जाल है।
2. सभी भागों को ठोस रेखाओं के साथ काटें।
3. लेबल 'B' पर दो भागों को एक साथ टेप करें।
4. बिंदीदार रेखाओं पर मोड़ें।
5. धराशायी रेखा पर पीछे की ओर मोड़ें।
6. बांधने के लिए साफ़ टेप का उपयोग करें।

यदि आप नेट पर चित्र बनाना चाहते हैं, तो इसे टेप से जोड़ने से पहले ऐसा करें। यदि आप इसे सजावट के लिए चिपकाकर सजाना चाहते हैं, तो पहले इसे टेप से बांध दें

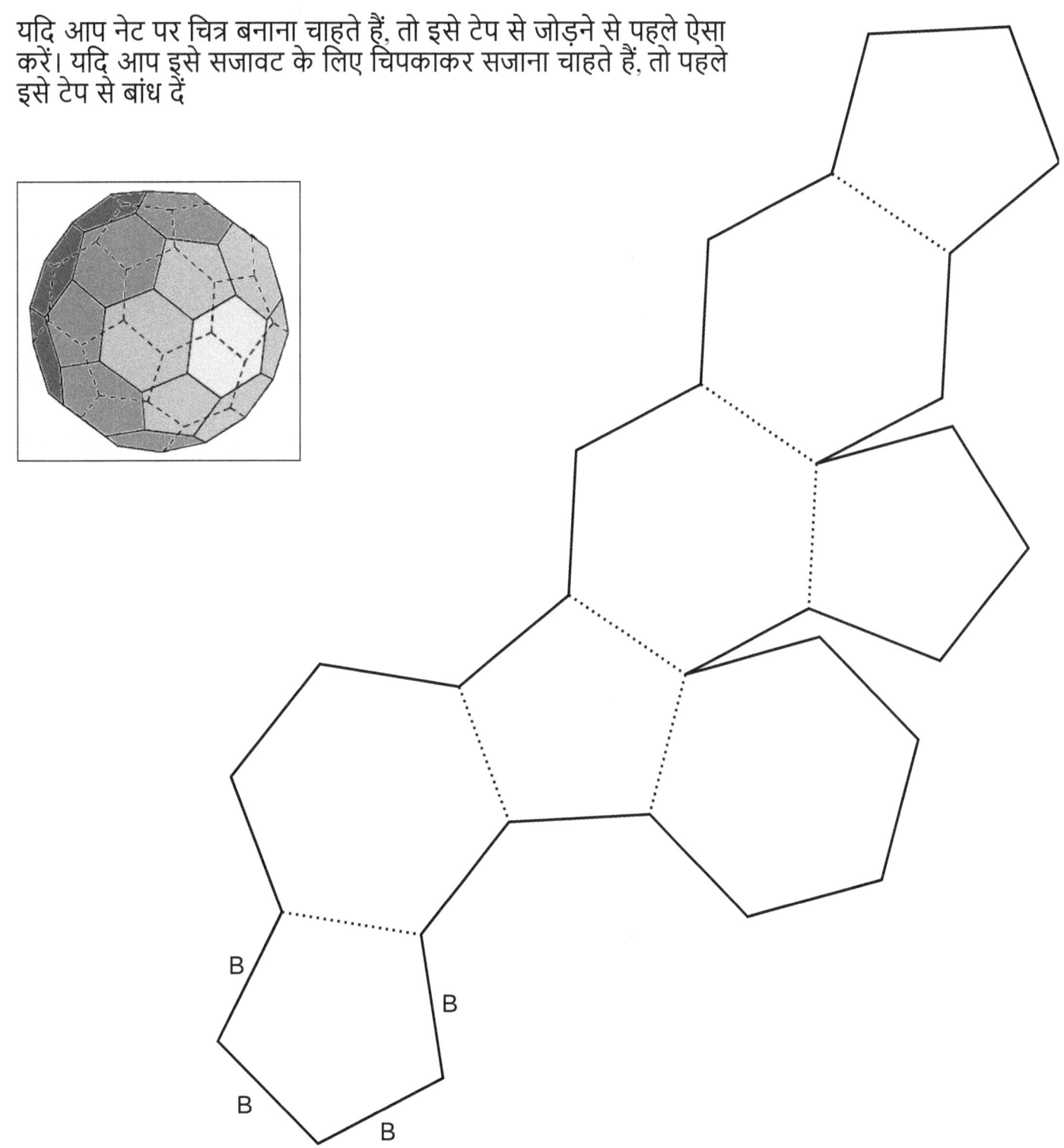

बहुफलकों के लिए जाल - प्रोजेक्ट बुक डेविड ई. मैकएडम्स द्वारा

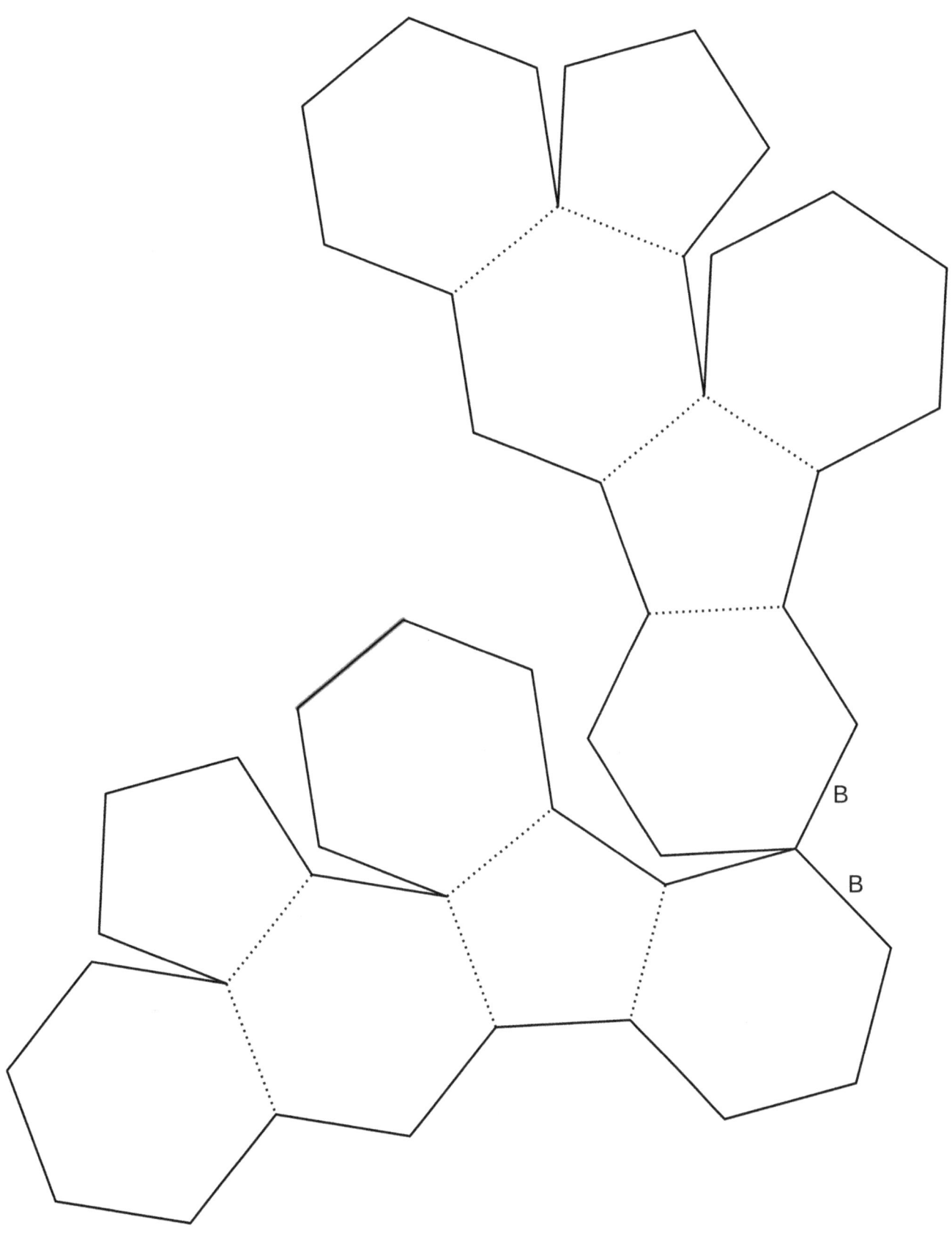

बहुफलकों के लिए जाल - प्रोजेक्ट बुक डेविड ई. मैकएडम्स द्वारा

B
B

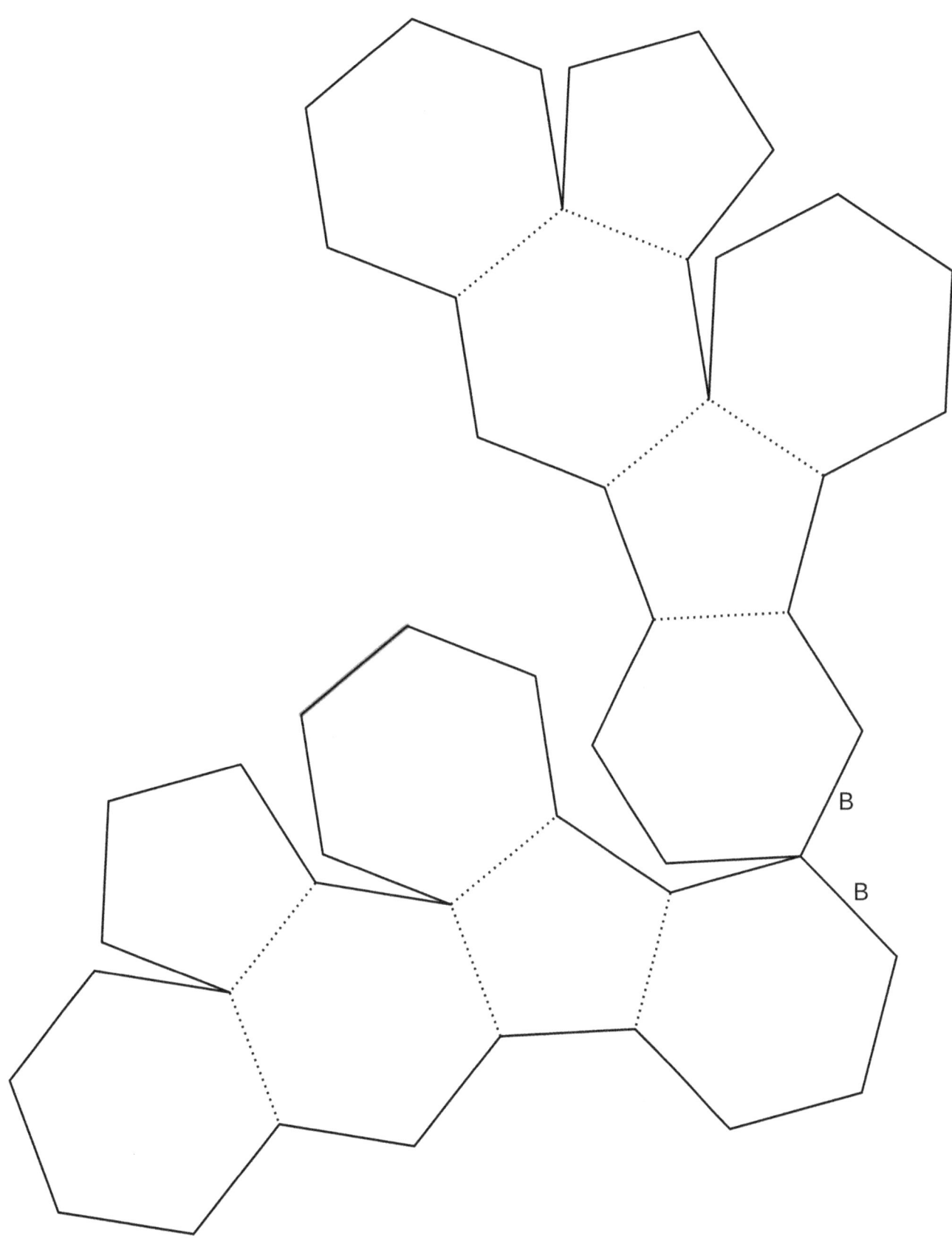

ट्रंकेटेड इकोसिडोडेकाहेड्रॉन

1. यह तीन पन्नों पर बना पाँच भागों वाला जाल है।
2. सभी भागों को ठोस रेखाओं के साथ काटें।
3. लेबल 'A' पर दो भागों को एक साथ टेप करें।
4. बिंदीदार रेखाओं पर मोड़ें।
5. धराशायी रेखा पर पीछे की ओर मोड़ें।
6. बांधने के लिए साफ़ टेप का उपयोग करें।

यदि आप नेट पर चित्र बनाना चाहते हैं, तो इसे टेप से जोड़ने से पहले ऐसा करें। यदि आप इसे सजावट के लिए चिपकाकर सजाना चाहते हैं, तो पहले इसे टेप से बांध दें

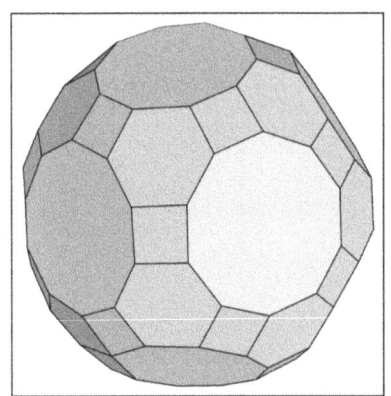

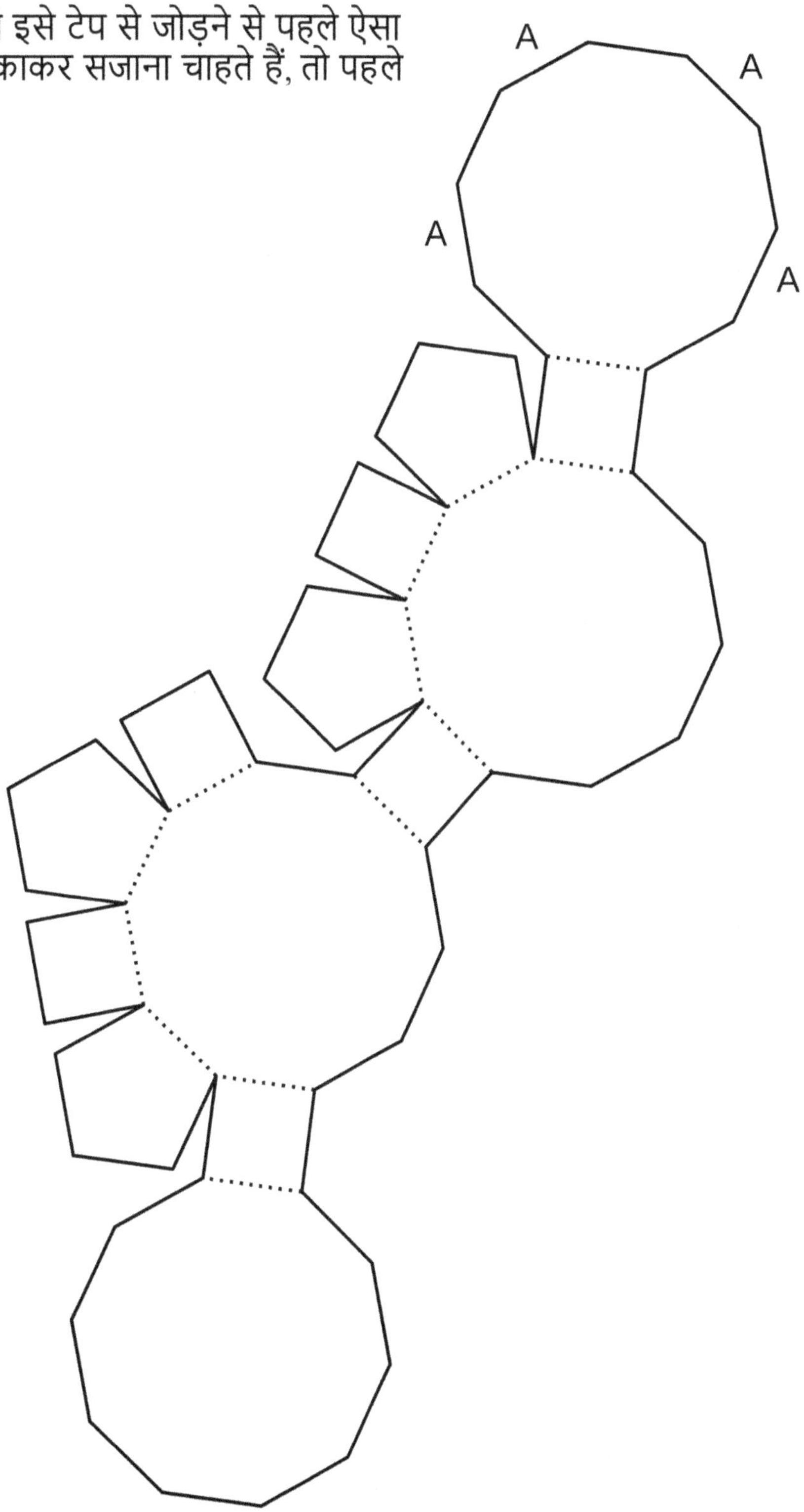

A
A

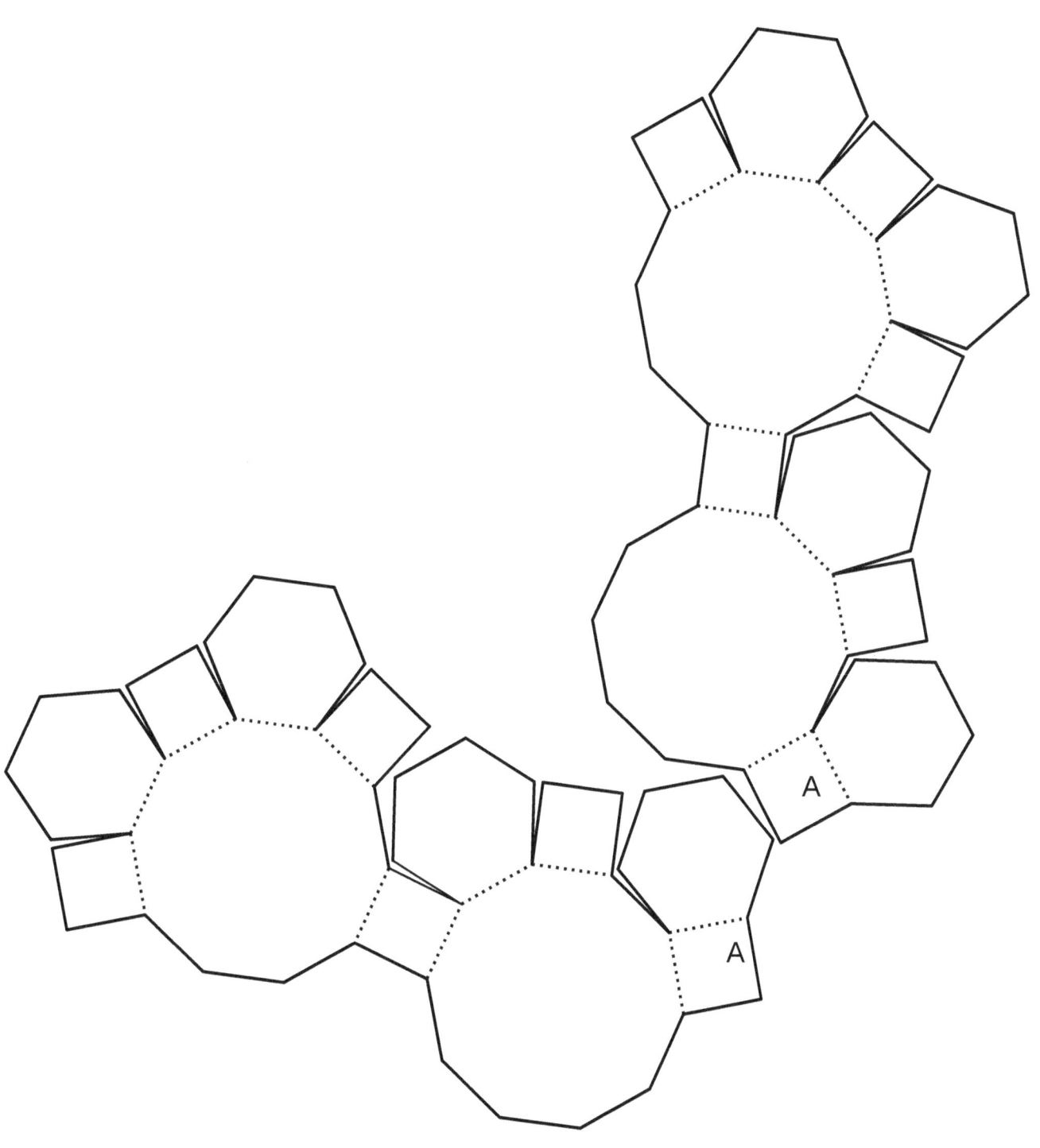

A
A

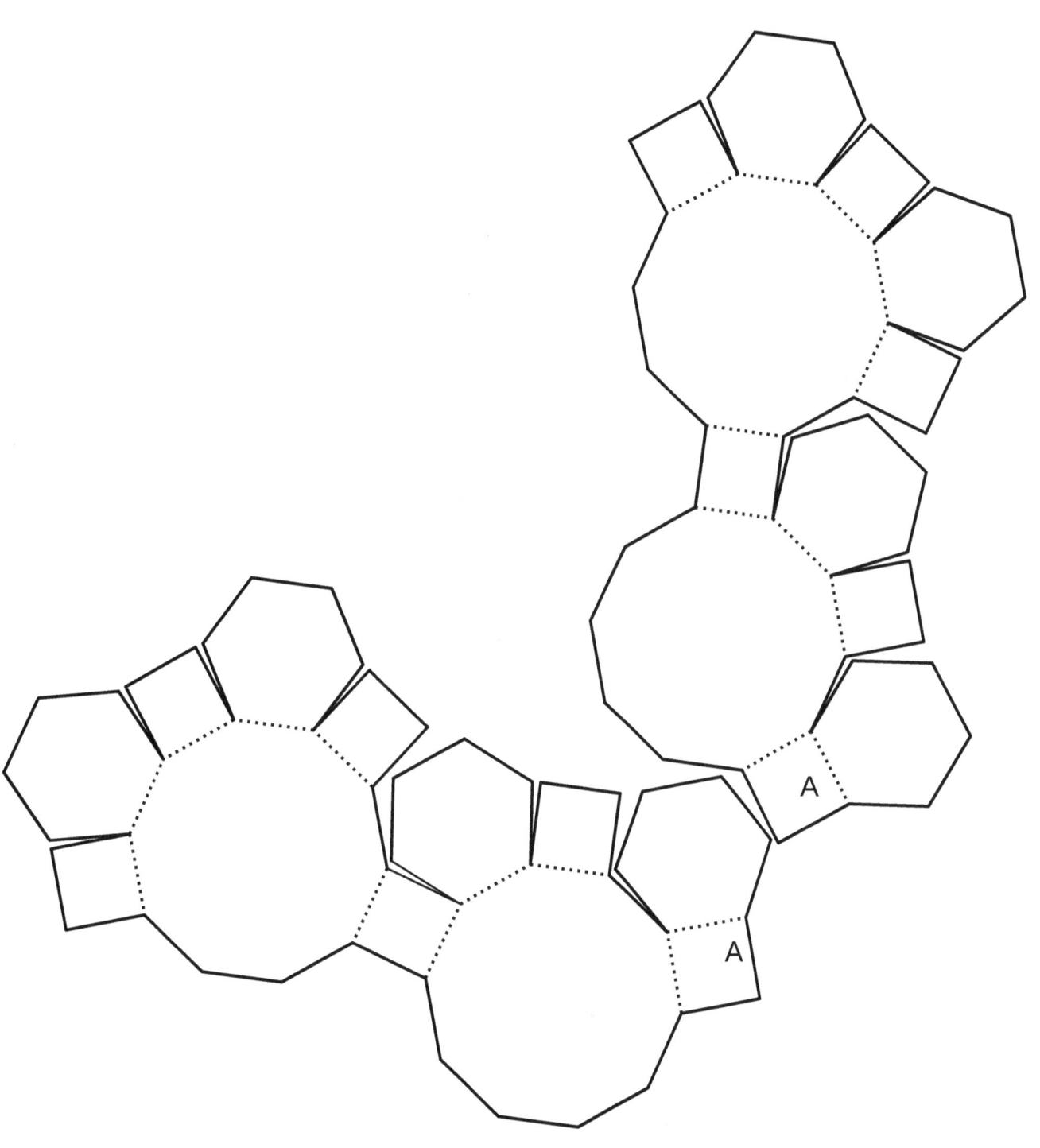

कटा हुआ अष्टफलक

1. ठोस रेखाओं के साथ काटें।
2. बिंदीदार रेखाओं पर मोड़ें।
3. बांधने के लिए साफ़ टेप का उपयोग करें।

यदि आप नेट पर चित्र बनाना चाहते हैं, तो इसे टेप से जोड़ने से पहले ऐसा करें। यदि आप इसे सजावट के लिए चिपकाकर सजाना चाहते हैं, तो पहले इसे टेप से बांध दें।

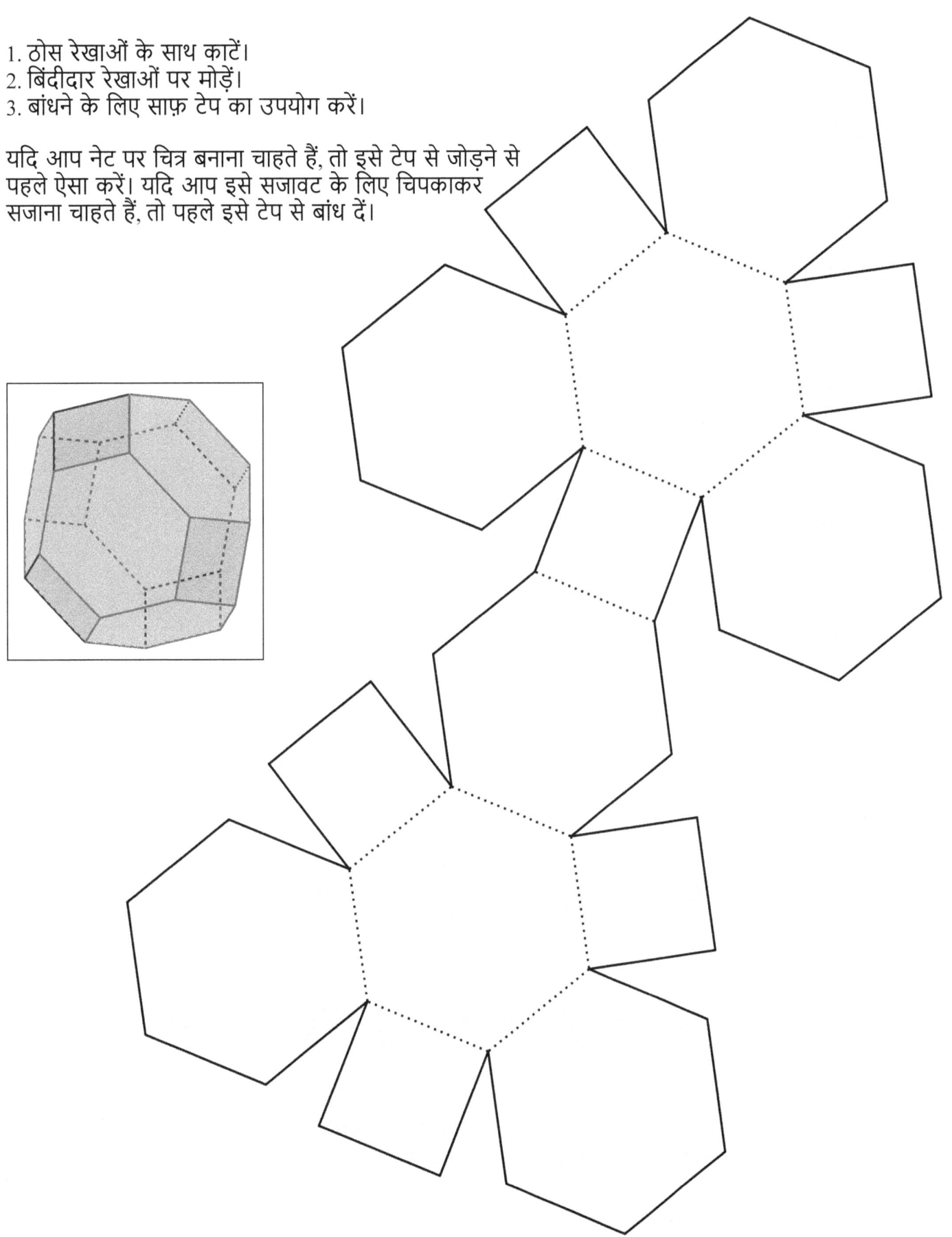

बहुफलकों के लिए जाल - प्रोजेक्ट बुक डेविड ई. मैकएडम्स द्वारा

कॉपीराइट 2024. केवल आकस्मिक, गैर-वाणिज्यिक शैक्षिक उपयोग के लिए कॉपी किया जा सकता है। अधिक जानकारी के लिए कॉपीराइट नोटिस देखें।

काटे गए चतुष्फलक

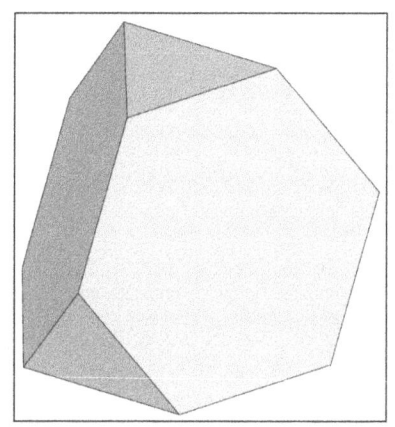

1. ठोस रेखाओं के साथ काटें।
2. बिंदीदार रेखाओं पर मोड़ें।
3. बांधने के लिए साफ़ टेप का उपयोग करें।

यदि आप नेट पर चित्र बनाना चाहते हैं, तो इसे टेप से जोड़ने से पहले ऐसा करें। यदि आप इसे सजावट के लिए चिपकाकर सजाना चाहते हैं, तो पहले इसे टेप से बांध दें।

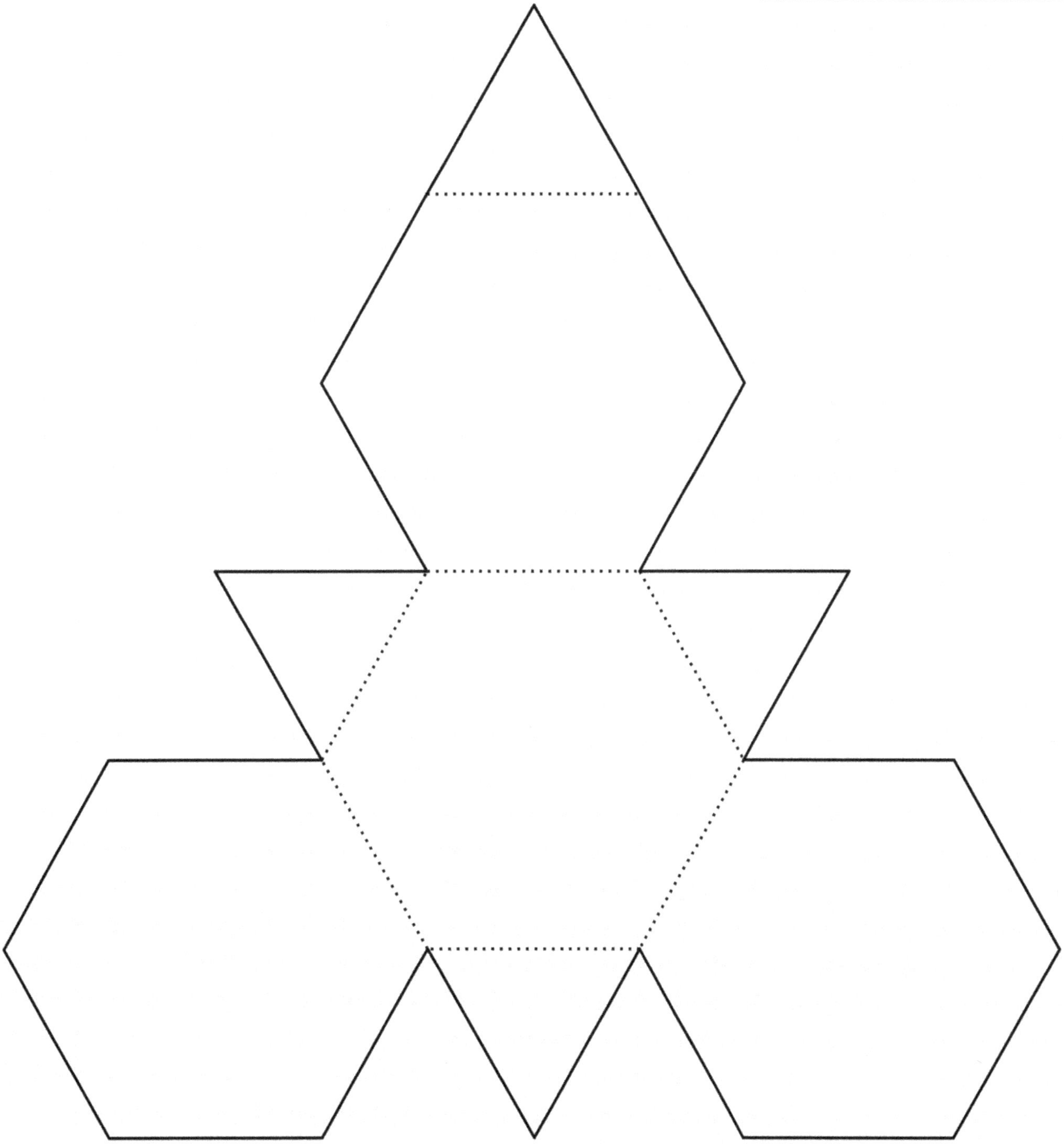

बहुफलकों के लिए जाल - प्रोजेक्ट बुक डेविड ई. मैकएडम्स द्वारा

कॉपीराइट 2024. केवल आकस्मिक, गैर-वाणिज्यिक शैक्षिक उपयोग के लिए कॉपी किया जा सकता है। अधिक जानकारी के लिए कॉपीराइट नोटिस देखें।

दायाँ पंचकोणीय तारा पिरामिड

1. ठोस रेखाओं के साथ काटें।
2. बिंदीदार रेखाओं पर मोड़ें।
3. बांधने के लिए साफ़ टेप का उपयोग करें।

यदि आप नेट पर चित्र बनाना चाहते हैं, तो इसे टेप से जोड़ने से पहले ऐसा करें। यदि आप इसे सजावट के लिए चिपकाकर सजाना चाहते हैं, तो पहले इसे टेप से बांध दें।

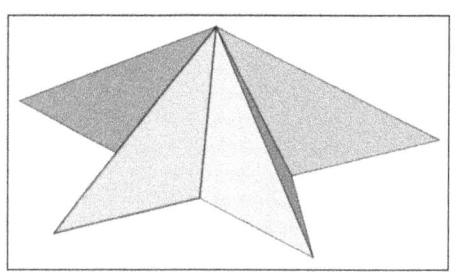

बहुफलकों के लिए जाल - प्रोजेक्ट बुक डेविड ई. मैकएडम्स द्वारा 179

काटे गए वर्गाकार समलम्बाकार

1. ठोस रेखाओं के साथ काटें।
2. बिंदीदार रेखाओं पर मोड़ें।
3. बांधने के लिए साफ़ टेप का उपयोग करें।

यदि आप नेट पर चित्र बनाना चाहते हैं, तो इसे टेप से जोड़ने से पहले ऐसा करें। यदि आप इसे सजावट के लिए चिपकाकर सजाना चाहते हैं, तो पहले इसे टेप से बांध दें।

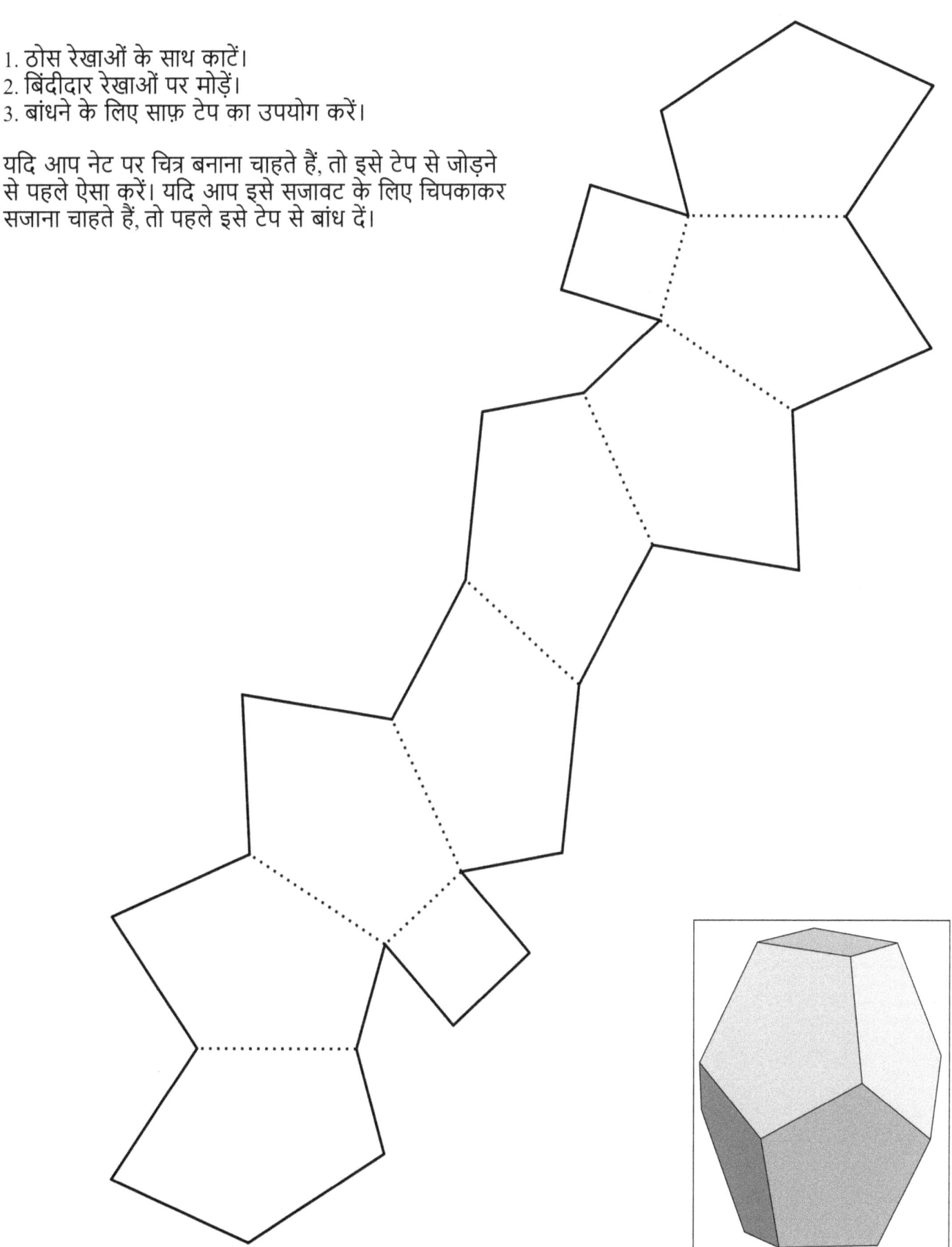

www.ingramcontent.com/pod-product-compliance
Lightning Source LLC
Chambersburg PA
CBHW040000080526
44586CB00027B/2829
9781632705785